电子商务服务与农村经济发展

王亚庆 ◎ 著

吉林出版集团股份有限公司

图书在版编目（CIP）数据

电子商务服务与农村经济发展 / 王亚庆著. -- 长春:吉林出版集团股份有限公司, 2024. 10. -- ISBN 978-7 -5731-5986-1

Ⅰ. F724.6；F323

中国国家版本馆CIP数据核字第2024DS7571号

电子商务服务与农村经济发展

DIANZI SHANGWU FUWU YU NONGCUN JINGJI FAZHAN

著　　者	王亚庆
责任编辑	曲姗姗　王艳平
封面设计	林　吉
开　　本	710mm×1000mm　1/16
字　　数	156 千
印　　张	13
版　　次	2024 年 10 月第 1 版
印　　次	2024 年 10 月第 1 次印刷
出版发行	吉林出版集团股份有限公司
电　　话	总编办：010-63109269
	发行部：010-63109269
印　　刷	廊坊市广阳区九洲印刷厂

ISBN 978-7-5731-5986-1　　　　　　　　　　　定价：78.00 元

版权所有　侵权必究

前　言

在 21 世纪的数字浪潮中，电子商务作为新经济形态的代表，正以前所未有的速度重塑着全球经济版图，其影响力已深入社会的每一个角落，包括广袤的农村地区。农村经济发展，作为实现国家整体繁荣与乡村振兴的关键一环，正面临着前所未有的机遇与挑战。在此背景下，探讨电子商务服务与农村经济发展的深度融合，不仅是对时代需求的积极响应，更是推动农业现代化、促进农民增收、缩小城乡差距的重要途径。

随着信息技术的飞速发展和互联网的普及，电子商务以其跨越时空界限、降低交易成本、拓宽市场渠道等多个优势，成为连接城市与乡村、促进资源高效配置的新桥梁。在广袤的农村地区，电子商务的兴起如同一股新兴力量，打破了传统农业发展的桎梏，为农村经济的转型升级注入了新的活力。它不仅使农产品能够直接对接全国乃至全球市场，解决了农产品销售难、价格低的问题，还促进了农村物流、金融、信息等现代服务业的发展，为农村带来了前所未有的发展机遇。

同时，电子商务的普及也深刻改变了农民的生产生活方式，提升了他们的市场意识和信息获取能力，激发了农民创新创业的热情。农民通过电商平台，不仅能够学习先进的农业技术和管理经验，还能根据市场需求调整种植结构，实现精准化、个性化生产，从而增加收入，改善生活。

因此，深入研究和推广电子商务服务在农村经济发展中的应用，对于推动农业供给侧结构性改革、加快农业现代化进程、实现乡村振兴战略目标等均具有重大意义。本书旨在通过分析电子商务服务对农村经济发展的影响机制、农村电子商务服务发展现状及未来趋势，对其面临的困难和问题提出切实可行的对策建议，以期为相关政策制定者、企业经营者及广大农民朋友提供参考借鉴，共同推动农村电子商务的健康发展，助力农村经济迈上新台阶。

王亚庆

2024 年 8 月

目 录

第一章 电子商务服务概述 ·· 1
 第一节 电子商务服务业的内涵 ·· 1
 第二节 电子商务服务业的发展 ·· 8
 第三节 电子商务服务产业的结构 ··· 16

第二章 电子商务营销服务运营管理 ·· 26
 第一节 电子商务交易平台 ·· 26
 第二节 电子商务交易平台的运营与管理 ································· 33
 第三节 网店运营与管理 ··· 52
 第四节 商品设计与视觉服务 ··· 62

第三章 电子商务物流服务运营管理 ·· 72
 第一节 电子商务物流的运营模式与流程 ································· 72
 第二节 电子商务物流配送 ·· 80
 第三节 电子商务物流终端网点布局 ······································· 89
 第四节 电子商务物流服务的成本控制与质量提升 ···················· 98

第四章 电子商务与新农村经济 ··· 107
 第一节 电子商务的基础理论 ··· 107
 第二节 新农村电子商务建设的内涵与外延 ···························· 123
 第三节 以区域为核心的农村电子商务模式 ···························· 138
 第四节 电子商务与农村经济社会转型 ·································· 146

第五章　农村电子商务的发展问题及策略 ……………………… 158

　　第一节　农业电子商务发展的经验与启示 …………………… 158

　　第二节　我国农村电子商务发展的问题 ……………………… 171

　　第三节　我国农村电子商务发展的策略 ……………………… 184

参考文献 ……………………………………………………………… 200

第一章　电子商务服务概述

互联网等信息技术的推广和普及使人类社会进入了信息化时代，进而电子商务产业迅速发展，市场规模急剧膨胀且竞争加速升级。政府对电子商务产业的支持力度不断加大，刺激并催生了电子商务服务产业，以支撑、促进和优化电子商务产业的发展。

第一节　电子商务服务业的内涵

电子商务服务业起源于美国，经历了从 ISP（Internet Service Provider，因特网服务提供商）到 ASP（Application Service Provider，应用服务提供商）的发展过程，在此基础上兴起了互联网虚拟主机服务，并逐步演变为电子商务服务业。

一、电子商务服务的概念与内涵

自电子商务服务产生并发展至今，研究者们对其理解和解释各有不同。国家发展改革委、国务院信息办 2007 年 6 月 1 日发布的《电子商务发展"十一五"规划》首次明确提出了发展电子商务的战略任务，并将电子商务服务定义为基于网络的交易服务、业务外包服务及信息技术系统外包服务。梁春晓等专家认为，电子商务服务是为满足电子商务应用需求，面向企业或个人提供的电子商务应用服务，包括电商交易服务、快递服务、仓储服务、运营服务、营销服务等。中国产业信息网将电子商务服务定义为"所有以提高电子商务交易效率为宗旨的服务的集合"。以上观点虽角度不同、说法不一，但研究者们已基本达成共识，即"电子商务服务是基于互联网开展的新型服务活动，其服务对象是电子商务应用企业、机构和个人，其目的是满足电子商务应用需求、助力电子商务快速发展"。

基于以上观点，可从以下四个方面理解电子商务服务的内涵：

（一）电子商务服务面向电子商务应用

电子商务服务与电子商务应用是市场供给与需求的对应关系。电子商务应用是企业和个人通过电子商务方式开展产品采购与销售等商务活动的过程，在这一过程中产生电子商务服务需求。电子商务服务则提供相应服务以满足企业和个人的需求，如支付服务、物流服务、营销服务等。电子商务服务以电子商务应用为服务对象，是电子商务产业发展、分工细化的结果。

（二）电子商务服务是现代服务的重要组成部分

现代服务是以新型信息技术及现代化的管理理念、经营方式和组织形式为主要特点，生产者和消费者为服务对象的新型服务，内容包括信息、物流、金融、会计等各个方面。电子商务服务是典型的生产性服务，其核心是信息技术，通过利用互联网、云计算等技术手段，并采用大数据等多种服务模式开展服务活动，或为满足电子商务应用需求的现代服务业的集合。

（三）电子商务服务与服务业电子商务相交叉

服务业电子商务是传统服务业借助互联网等信息技术手段实现自身业务的网络化，从而开展电子商务活动，是技术进步引起的产业自身的优化升级。电子商务服务是为满足电子商务应用需求的一种新型服务，可助力传统服务业向电子商务转型，也可作用于其他类型的企业和个人；而传统服务企业可将自身业务融入电子商务活动过程中以提供电子商务服务，如摄影服务，也可利用电子商务扩大其传统服务业务的范围，如租赁、餐饮、旅游等就是利用电子商务开展的服务活动。

（四）电子商务服务具有较高的效率

电子商务具有极强的渗透能力，可全方位应用于各行各业，故电子商务服务也具有通用服务的特点，其作用范围极广，涉及组织机构及个人的工作、生活的各个环节与层面。因此，电子商务服务效率的提升将带来所有的电子商务应用企业和个人的效率提升，具有较高的效率。

二、电子商务服务业的概念

基于对电子商务服务概念和内涵的理解，学者们试图从不同角度总结和界定电子商务服务业的概念。

杨继民将电子商务服务行业定义为提供电子商务商业化服务的行业，主要包括电子商务技术服务和电子商务技术应用服务两大类。彭岚、明小波认为，电子商务服务业是指为电子商务应用提供服务与保障的企业集合与产业组织。荆林波、梁春晓在《中国电子商务服务业发展报告》中指出，电子商务服务业是存在于电子商务生态中的,以硬件、软件和网络为基础向电子商务应用企业和个人提供全面而有针对性的服务支持的商务活动的总称。其服务内容主要包括电子商务交易服务、业务支持服务和信息技术系统服务,其服务形式主要以电子商务平台为核心、以支撑服务为基础,并整合了多种衍生服务。电子商务服务业是伴随着电子商务的发展而衍生出的专门服务于电子商务活动的新兴服务行业体系,是在新兴技术应用背景下服务业自身的拓展、深化和创新。电子商务服务业是以电子商务活动为基础的、专为其提供服务的新兴服务行业的集合,包含技术、平台、物流、支付、营销、金融、代运营等各个方面的电子商务应用服务。

综合以上学者们的观点,我们认为,电子商务服务业是以电子交易为核心的、以投入产出关系为纽带、以电子商务活动的纵横向关系为节点而构成的产业链体系。电子商务服务业是一个发展变化的生态系统,结合我国对电子商务服务业的研究,我们将一切以为电子商务应用提供服务为目的、从事电子商务服务活动的企业集合称为电子商务服务业。它由电子商务支撑服务业、电子商务运营服务业及电子商务售后服务业三部分组成。其中,电子商务支撑服务业由电子商务技术服务业、电子商务咨询服务业组成;电子商务运营服务业由商贸信息服务业、在线交易服务业、在线支付服务业、物流服务业组成;电子商务售后服务业则主要指电子商务交易后进行的售后服务业。

三、电子商务服务业的类型

随着电子商务服务业的快速发展,其服务类型急速丰富起来,门类多种多样,研究者们为了研究的便利,从各个不同的角度对其类型进行了不同的划分,其划分标准主要表现在以下两个方面：

（一）依据服务自身的属性划分

梁春晓在《电子商务服务》一书中将电子商务服务业按服务对象不同分为面向生产者（企业）的电子商务服务业和面向消费者（个人）的电子商务服务业。

阿里研究中心在《生态大爆发——2011中国电子商务服务业报告》中将电子商务服务业按照服务对象分为生产者服务业、消费者服务业、经济网络服务业和社会服务业；按照服务特征分为电子商务交易服务业、支撑服务业和衍生服务业。

桂学文根据产业内各个部类之间的联系与比例关系，将电子商务服务业划分为电子商务技术与人才支撑服务业、电子商务交易产品外包服务业、电子商务运营服务业、电子商务售后服务业四大类别；根据其发展阶段，将其分为基于EDI（Electronic Data Interchange，电子数据交换）的电子商务服务业、基于互联网的电子商务服务业和基于E概念的电子商务服务业；基于其独特的空间布局，将电子商务服务业分为平台集中化电子商务服务业、实体分散化电子商务服务业和混合型电子商务服务业。

（二）依据服务的外部效应划分

李圣珠（Sungjoo Lee）和朴永泰（Yongtae Park）将电子商务服务业分为大众服务业、专业性服务业、知识服务业、信用服务业、支撑服务业和基础设施服务业六大类。石少功根据作用范围将电子商务服务业分为电子交易服务业、同电子商务相关的业务外包服务业和同电子商务相关的信息技术外包服务业。李忠美认为，从产品观念转变为服务观念是开拓电子商务市场的关键，并据此将电子商务服务分为交易前、交易中、交易后服务。梁春晓在《电子商务服务》一书中按行业不同将电子商务服务业划分为综合性电子商务服务业和行业性电子商务服务业；按环节的不同将其分为全程交易服务业和专项交易服务业；按功能不同将其分为电子商务交易服务业、业务流程外包服务业和信息技术外包服务业。彭岚、明小波将电子商务服务业归纳为两大类：一是电子商务基本服务，是电子商务运营的必要条件，包括电子商务基础（设施）服务、电子商务信息服务、电子商务交易服务、电子商务金融服务和电子商务物流服务。二是电子商务综合服务，是电子商务运营的辅助条件，决定电子商务服务业应用范围和深度，包括电子商务认证服务、电子商务信用服务、电子商务外包服务、电子政务服务和电子商务人才培训服务。李志宇、陈燕方将电子商务服务业划分为交易平台服务业、电子商务物流服务业、电子商务代运营服务业三大类。

由此可见，由于研究视角和划分标准不同，电子商务服务业的分类也有较大差异，但其构成体系都庞大而复杂。基于实践的角度，我们认为，电子商务服务业可从服务功能和服务对象两个方面进行划分。

（一）从提供的服务功能角度划分

从服务功能来看，电子商务服务业可分为电子商务信息服务业、支付服务业、物流服务业、营销服务业、客户服务业、人才与技术服务业等类型。

（1）电子商务信息服务业是指在电子商务活动中从事信息采集、存储、加工、传递、交流等工作，并以信息产品的形式向活动参与者提供服务的各种行业，包括商品、店铺、营销活动等信息的发布和搜索，商家信用查询，订单管理，交易管理，磋商服务，信息存储等。

（2）电子商务支付服务业是指在电子商务活动中提供信用、网络结算等相关服务，使交易顺利完成的各种行业。例如阿里的支付宝、腾讯的微信支付以及国外的 PayPal 等。

（3）电子商务物流服务业是指在电子商务活动中提供商品运输、仓储、配送和第三方收货等服务，并承担站点建设和维护等功能以保障商品快速且保质保量送达客户或返回商家的相关服务行业。例如顺丰、"四通一达"、菜鸟驿站等。

（4）电子商务营销服务业是指在电子商务活动中为企业提供营销活动的策划、执行、效果监测和分析等服务的相关行业。常见的有利用搜索引擎、网络广告、视频、微博等社交媒体，直播、购物节等方式开展营销活动。

（5）电子商务客户服务业是指在适当的时间和地点，以适当的方式和价格为目标客户提供匹配其需求的商品，使企业和客户的价值都得到一定提升的相关服务行业。包括基于销售流程在售前、售中和售后，通过呼叫中心、短信、即时通信、留言反馈、电子邮件以及现场服务等方式为客户提供服务。

（6）电子商务人才与技术服务业是指为保证电子商务交易顺利开展，提供通信服务、平台与软件服务、咨询服务、教育培训服务等与电子商务相关的技术与人才支撑服务的各个行业。

（二）从服务的对象角度划分

从服务对象来看，电子商务服务业可分为面向商家、消费者、交易流程和社会的电子商务服务四种类型。

（1）面向商家的电子商务服务业包括开店服务、店铺运营服务、产品摄影、品牌打造、供销存管理、财务管理等相关服务行业，以帮助商家更好地开展电子商务活动，促进商品销售。

（2）面向消费者的电子商务服务业包括导购、个性化推荐等帮助消费者更好地进行购物的相关服务行业。

（3）面向交易流程的电子商务服务包括电子商务活动中产生的信息流、商流、物流、资金流的管理等相关服务行业，以保障电子商务活动顺利进行。

（4）面向社会的电子商务服务业包括电子商务会展、教育培训、基础设施等在宏观层面影响整个电子商务体系的相关服务行业。

第二节 电子商务服务业的发展

电子商务服务产业已广泛渗透到各个垂直行业，并同生产、流通、消费、资本等相关领域发生深刻的融合，成为国民经济重要的增长点和发展引擎，在推动电子商务发展、助力经济转型升级、促进产业融合、优化市场资源配置、推动创业和就业等各方面发挥着巨大的作用。

一、兴起背景

电子商务服务产业是随着电子商务的发展而兴起的，是电子商务应用规模不断扩大、竞争持续加剧、影响不断深化的必然结果，也是技术、经济和社会发展的必然结果。

（一）互联网应用率和普及率不断提升

自20世纪90年代以来，计算机和互联网技术的广泛应用和普及，给经济社会以及人们的日常生活带来了巨大的变化，互联网、电子邮件、智能手机、各类社交媒体、网络购物等已成为人们生产生活必不可少的一部分，这意味着人类进入了信息化时代。

（二）国家对电子商务及其服务业支持力度不断加大

电子商务作为网络化、信息化的新型经济活动，是实现国民经济持续、协调发展战略的重要路径之一，受到国家相关部门的高度重视，陆续制定和颁布了《2006—2020年国家信息化发展战略》（中共中央办公厅、国务院办公厅，2006）、《电子商务"十二五"发展规划》（工业和信息化部，2012）、《电子商务"十三五"发展规划》（商务部、中央网信办、发展改革委三部门联合发布，2016）、《网络交易管理办法》（国家工商行政管理总局，2014）、《网络零售标准化建设工作指引》（商务部办公厅、国家标准委办公室，2017）等一系列的宏观政策文件，明确了电子商务及其服务产业发展的地位、目标和具体任务，深入落实"宽带中国"战略，积极推进"互联网+"行动，激发了电子商务服务业的发展。同时，2017年7月在杭州设立互联网法院，集中解决辖区范围内的网络购物合同纠纷等涉网案件，降低网络交易诉讼成本。《中华人民共和国电子商务法》已由中华人民共和国第十三届全国人民代表大会第五次会议于2018年8月31日通过，并于2019年1月1日起施行，这将对规范电子商务市场起到重要作用。

二、发展历程

根据电子商务服务产业发展不同时期的主要特征，可将其发展历程分为萌芽起步、细化爆发和协同发展三个阶段。

（一）萌芽起步阶段（1999—2007年）

电子商务平台是电子商务服务业发展的核心，其起步和发展最早。1999年以阿里巴巴为代表的一系列电子商务平台诞生，中国电子商务服务业开始萌芽。2003年阿里巴巴开始盈利，标志着中国电子商务服务业正式起步。在这一阶段，电子商务服务业的发展以交易服务为主，支撑服务萌生并得到初步发展。

1999年以来，阿里巴巴、8848、携程网、易趣网、当当网、卓越网、慧聪网、eBay、淘宝网、全球采购、中国化工网等电子商务平台先后建立并为消费者提供综合性、行业性和面向个人的服务，丰富了电子商务平台市场，为电子商务服务业发展奠定了良好的基础。

同时，支付宝、中国金融认证中心、中国邮政、电子商务软件开发商等也纷纷涉足电子商务领域，提供支付服务、物流服务、IT技术服务、信用服务等电子商务的支撑服务。

（二）细化爆发阶段（2008—2012 年）

作为电子商务服务业体系的核心，交易平台的开放性对其发展至关重要。2008 年 9 月，中国最大的网络零售交易平台淘宝网推出"大淘宝"战略，将淘宝定位为电子商务开放平台，同时，推出"淘园"计划，向全社会开放 API（Application Programming Interface，应用程序编程的接口）端口，实现各种基于淘宝的增值应用；2009 年底，推出"淘宝合作伙伴计划"（"淘拍档"），与各类电子商务外包服务商合作，在 IT 技术、渠道、营销、仓储物流等各个方面进行信息共享和资源对接，培育了一大批电子商务服务商；2010 年推出"淘宝箱"计划，推广基于淘宝开放平台的电子商务应用和服务商店，同时，"淘宝合作伙伴"计划升级为"百年合作伙伴计划"，在管理体系、培训体系、发展体系和融合体系四个方面，扩大电子商务服务体系；再者，2010 年 6 月，推出"大物流"计划，一方面在全国主要城市建设物流配送中心，另一方面建立开放的淘宝物流宝平台，推出 API 接口，联合国内外仓储、快递、软件等物流企业组成服务联盟，提供一站式电子商务物流配送外包服务；2011 年，淘宝宣布该年为淘宝开放年，在买家和卖家业务、无线和物流等各个领域全面、深度开放，引入第三方开发者和各类服务商，同时将"大淘宝"战略升级为"大阿里"战略，与消费者、商家等电子商务参与者更深层次地共享阿里集团的数据、信息、物流、支付、云计算服务等各个方面的资源。

另外，百度宣布进军 C2C 电子商务市场，红孩子、京东商城、苏宁易购、国美商城等纷纷跟进 B2C 市场，网盛生意宝上市等，也标志着电子商务服务业市场正不断优化和细分，进入了细化爆发期。

电子商务市场的急剧膨胀引起对其服务市场质与量需求的提升。各大电商平台开放战略的实施，使电子商务服务市场不断细分，服务商的类型和数量呈爆发式增长，服务业交易额持续提高。

（三）协同发展阶段（2013年至今）

经过前两个阶段的发展，电子商务服务业已具有较大规模，服务商数量、服务类型和服务模式等均得到了较大发展。此时，各类服务商与电子商务平台、电子商务应用企业在电子商务供应链和交易流程上的协同合作就显得极为重要。

一方面，2012年天猫启动物流"雷达预警系统"，对第三方物流公司的接单情况进行实时监控，以帮助其随时做调整和应急预案；2013年，阿里整合其物流事业部和菜鸟网络（阿里集团与对接其平台的物流公司、金融机构合建的"智能物流骨干网"），全面整合物流资源，促进物流服务与其他各方面的协调和优化。

另一方面，云计算技术的应用极大地推动了电子商务服务业各相关主体之间的协同。阿里巴巴2012年7月推出聚石塔云工作平台，汇聚阿里各方优势资源，进行资源共享和数据互通，为广大商家和服务商提供云计算电子商务服务，实现交易、物流、支付、信息技术、运营等各个方面的大规模协同作战，实现订单、物流、运营情况等各个环节数据的实时监测与评估分析。2013年"双十一"期间的1.88亿笔订单中，75%以上由云计算辅助处理完成，2014年"双十一"期间96%的订单由阿里聚石塔完成，均实现了零漏单、零故障的目标。

三、发展现状

随着我国网民数量迅速增长、居民网购意愿增强、电子商务产业高速发展以及对相关电子商务需求的不断提升，电子商务服务产业得到了高速发展，服务市场迅速扩大，服务模式也不断优化和创新，服务效率持续提升，现已形成较为稳定的产业体系和市场格局。

（一）营业额稳步增长

电子商务服务产业经过十余年的发展，市场规模不断扩大，营业收入也稳步上升。

（二）行业细分不断加深

电子商务服务产业从无到有、从小到大，利用信息经济、平台经济、共享经济、协同经济、跨界整合、粉丝经济、会展经济、产业共生、区块链等方式和路径向生产、流通、消费、资本等各个领域迅速扩张和渗透，行业细分不断加深。现阶段，我国电子商务服务的主要服务形态包括"解决交易资金流通安全性和时效性问题的金融支付服务""解决品牌商线上店铺管理和产品运营效率问题的品牌运营服务""解决电商新业态下线上线下、站内站外的传播与营销'品效合一'问题的整合营销服务""解决全交易链路自动化作业问题的IT服务""解决交易商品流转效率问题的仓储物流服务""解决企业经营全链条的计划、执行和对接效率问题的供应链服务"六大板块，形成了一系列涉及信息、物流、支付、信用、认证、代运营、营销、IT技术、数据分析、客服、产品摄影、网店装修、标准体系等围绕电商产业链的全方位的电子商务服务。

（三）与新兴技术持续融合

互联网技术、云计算、电子支付、互联网金融、智能物流、物联网、大数据技术、人工智能、数字签名等各类新兴信息技术已广泛应用于各行各业，成为新型数字化商业基础设施。电子商务服务产业在发展过程中，不断与各类信息技术广泛深入融合，极大地提高了服务的效率和质量。例如，阿里集团基于云计算技术推出数字产品聚石塔，将店铺和订单管理搬到云上，实现海量商家、第三方服务商以及电商平台之间的在线实时协同，大大提高了订单管理的稳定性、安全性和效率；支付宝和微信支付利用电子支付、数字签名和互联网金融等技术实现了交易双方的安全支付，同时为中小商家提供小额贷款等金融服务；无人机、无人车、智能机器人等利用人工智能技术实现智能分拣和配送，极大提高了物流服务的效率和质量。

（四）产业集聚化特征明显

近年来，在一系列鼓励政策的支持下，全国各地纷纷建立了电子商务产业园，以政企合作、政府购买服务等方式运营和管理，并设立电子商务公共运营服务中心，将各类电子商务应用企业、电子商务服务企业、产品生产与加工企业、园区配套服务相关企业等各类企业引入产业园，充分凝聚和利用不同企业的优势资源，发挥产业集聚效应，带动区域经济发展，促进电子商务及其服务业对全社会经济的辐射和带动作用。

（五）跨境电商服务成为新亮点

庞大的市场需求和政府的大力支持为跨境电商的发展带来了前所未有的

机遇，一系列政策文件相继出台，如《关于利用电子商务平台开展对外贸易的若干意见》（商务部，2012）、《关于实施支持跨境电子商务零售出口有关政策的意见》（商务部等，2013）、《关于增列海关监管方式代码的公告》（海关总署，2014）、《关于跨境贸易电子商务进出境货物、物品有关监管事宜的公告》（海关总署，2014）、《关于加强跨境电子商务进出口消费品检验监管工作的指导意见》（质检总局，2015）、《关于促进跨境电子商务健康快速发展的指导意见》（国务院办公厅，2015）、《关于同意在天津等12个城市设立跨境电子商务综合试验区的批复》（国务院，2016）等。

（六）服务生态基本成型

电子商务服务产业在发展过程中，不断向生产、流通、消费、资本等各个领域渗透，与相关产业和组织机构密切联系，形成了以电子商务交易活动为核心，以互联网等信息技术为基础工具，由各类电子商务服务企业与应用企业、消费者、相关政府部门与社会组织、外界环境等共同参与，围绕电子商务应用需求，以营造商务环境、促进商贸流通为基本功能的生态体系，推动社会各部分的价值共享与共同进化，促进产业与环境的协调。电子商务服务生态系统以买卖双方和电商平台为核心，以各类电子商务服务商为关键，密切联系相关政府机构、金融机构、保险机构、导购平台以及各类流通组织，并向行业协会、网商联盟、各类研究机构和培训机构广泛延伸，与相关政治、经济和社会环境共同协调发展。

第三节　电子商务服务产业的结构

电子商务服务业的产业结构是指电子商务服务业内各细分产业的构成及其联系和比例关系。考察的视角不同，产业的结构类别也因此不同。

一、行业结构

行业结构反映的是电子商务服务产业中不同行业细分后的布局及相互关系。从服务特征出发，我们将其划分为三大类：电子商务交易服务业、支撑服务业和衍生服务业。

电子商务交易服务业是指连接网销产品、网商和消费者，为推动电子商务交易和应用的顺利进行而降低交易成本、提高交易效率的基本服务活动。交易服务业横向贯穿整个电子商务供应链，与供应链的每一个环节紧密相连，是供应链顺利流动的润滑剂和助推剂；纵向连接支撑服务业和衍生服务业，并与其共同作用，促进服务价值的实现与提升。电子商务交易服务业主要包括平台服务业和信息服务业等。其中，平台服务业为电商交易各方提供了一个超越时间和空间限制的连接平台，利用平台经济广泛的开放性、对资源的高度集聚性以及平台生态系统的自生长特性，广泛聚集各类交易主体和优势资源，促使电子商务交易和应用顺利高效地完成；信息服务业通过商品展示、信息搜寻、信息检索、供需双方磋商、订单管理、基础数据管理等方式，为交易各方提供所需的信息以帮助其作出决策，信息服务是整个电子商务活动的灵魂，不可或缺。

电子商务支撑服务业是指为电子商务活动的开展提供支撑性作用的基础服务活动，主要包括支付、物流、信息技术、教育培训、信用、电子认证等服务业。其中，支付服务业为商品交易提供支付与结算服务，使商品交易顺利完成；物流服务业完成实物商品在商家与消费者之间的传递，促使商品交易真正达成；信息技术服务业构建基础互联网络，建设电子商务平台，并维护其正常运行，设计各类电子商务应用软件和平台（如"聚星台"云计算平台等），利用数字签名等底层技术实现信息流和资金流的顺利运转，为电子商务交易活动提供各类技术支撑；教育培训服务业培育各类电子商务人才，为电子商务活动的开展提供人才支撑；信用服务业和电子认证服务业构建交易双方的信用评价体系，降低交易风险，助力商务决策，为电子商务提供信用支撑。

电子商务衍生服务业是指从电子商务应用过程中衍生出的，以提升电子商务应用效率和质量为目的的服务活动，主要包括代运营服务业、营销服务业、咨询服务业、客户服务业、数据服务业、金融服务业等服务活动。其中，代运营服务业为网商提供渠道规划、产品选择与上架、仓储管理、订单管理、财务管理、售后服务等运营服务；营销服务业通过产品、渠道、供应链、内容、场景等各种方式开展营销活动，提升交易量；咨询服务业为电子商务应用企业提供项目与业务、政策与法律等各方面的专业指导；客户服务业帮助企业与客户保持紧密联系，及时洞察客户的需求并促进营销活动的开展；数据服务业利用海量用户和交易数据，进行数据挖掘和分析，探索潜在规律、挖掘潜在需求，助力营销活动更有效、更有针对性地开展；金融服务业则为商家提供网络贷款、网上理财、网络证券等金融服务。

总体来讲，电子商务服务行业细分极深，涉及领域非常广泛，且相互之间相辅相成、联系紧密，形成了复杂的服务关系网络。但是，各个细分行业并非截然分开的，行业之间的界限也并不十分清晰。例如，电子商务平台主要提供交易服务，但同时集信息、运营、营销、信息技术、数据等各类服务于一体；客户服务和数据服务的最终目的是为电子商务营销提供基础；物流服务和支付服务为电子商务活动提供支撑的同时，也是交易过程的一个环节，是交易服务的一部分；信用服务、电子认证服务、教育培训服务既为电子商务活动提供支撑，也是电子商务服务业向信用、认证和教育培训行业的延伸。

二、价值结构

迈克尔·波特是产业价值结构研究的先驱，他在1985年出版的《竞争优势》一书中认为，每一个企业都是用来进行设计、生产、营销、交货以及对产品起辅助作用的各种活动的集合。在这些相互联系的不同活动中会产生价值增值，其总和便构成了企业的价值链。价值链包含价值活动和利润，而价值活动是企业从事的物质上和技术上的界限分明的各项活动，可以分为基本活动和辅助活动。

产业的价值结构反映的是产业内各个部类所产生的价值分布及相互联系，集中体现在产业的价值链上：企业的活动在于通过为顾客提供满意的服务，从而为自身创造价值，所以，企业的价值链是企业在为顾客服务的过程中开展的一系列经济活动所构成的相互联系的价值链条；同一价值链上的不同企业所创造的价值的总和，构成产业价值，所以，产业价值链是由同一产业中各种彼此联系与制约的一系列经济活动构成的价值链条。遵循这种逻辑思路，借鉴迈克尔·波特的价值链思想，我们从电子商务服务企业价值链和电子商务服务产业价值链两个方面来分析电子商务服务产业的价值结构。

（一）电子商务服务企业价值链

借鉴迈克尔·波特的价值链模型，结合电子商务服务企业为用户提供服务的特点，我们将电子商务服务企业的价值活动分为基本服务活动和辅助服务活动。

基本服务活动是指与企业提供的服务直接相关的活动，是服务在实质上的创造，主要包括投入、设计、生产、销售和售后服务。电子商务服务企业的投入主要是对顾客的需求信息进行存储，分配到不同的部门，为电子商务服务企业生产提供保障。基于顾客的需求，企业开始为客户"量身定制"服务，包括新服务的研制、服务技术改造、软件开发等活动，设计活动贯穿企业价值链的每一个过程，对整个价值链起到支持作用。设计活动完成之后，服务企业进入生产阶段，将顾客需求以及设计等转化为最终服务产品。销售是实现服务产品价值的途径，企业通过广告、销售渠道等方式促进、引导买方进行购买，从中获取一定利润。在售后服务阶段，电子商务服务企业通过提供完善的售后服务使已提供的服务得到扩展或保值。

辅助服务活动是指为基本服务活动的开展提供资源或基础性设施的活动，主要包括采购、人力资源管理、基础设施建设等方面。采购是指购买满足顾客服务需求的各种投入的活动，主要强调购买这一过程，它是保证企业价值链中基本活动得以顺利进行的重要环节。电子商务服务企业的各项活动都需要有人的参与，因此人力资源管理的作用显得尤为重要，它对整个价值链过程起着支撑作用，主要负责所有类型的人员招聘、绩效测度和薪酬分配等活动。此外，基础设施建设既包括厂房设施、机器设备、电子商务服务网点、仓储物流站点、产业园、基础电信网络等硬件基础建设，也包括政策、制度、行业规则、发展计划、财务等软基础建设，对服务企业价值链来说，基础服务活动主要生产价值，而辅助服务活动则是对价值产生的投入，最终蕴含在服务产品中，并通过销售来实现其价值。

在电子商务服务企业价值活动中，存在外包服务，即基本活动外包服务和辅助活动外包服务。服务企业结合自身实际情况，选择业务流程中的某一个或几个环节的业务进行外包，通过信息技术外包和知识外包等方式，推动服务企业更加注重核心业务，专注于核心服务能力，使企业更具竞争力与特色。

对于许多服务企业来说，随着所提供服务的专业化程度增加，对品牌建设中对外形象、商业目标以及有效控制成本等方面要求的提升，将部分业务外包成为必要。在生产阶段，企业将非核心技术产品或者加工方式外包给专业的、高效的服务提供商，以达到充分利用公司外部最优资源，从而降低成本、提高效率，增强服务企业自身竞争力。在销售阶段，企业可以将其服务产品或营销活动的职能，部分或全部委托给一家或几家拥有专门销售技能或销售网络的外部公司执行，企业只在营销决策上进行监督和管理，并规定和取得营销活动的既定收益。通过此种模式，企业可以在一定程度上规避前期市场风险，减少销售团队建设及管理等费用，以较低成本获得较大的收益。对于售后服务，企业可以选择售后服务经销、厂商等将售后服务外包。

业务流程外包在辅助活动中有着显著作用。通过业务流程外包来有效提高、改善业务质量，从而对核心业务起到推动作用，增加整体盈利。服务企业将采购业务外包给供应商，有效地降低采购成本、提高采购业务能力、改善采购质量和提高采购利润。企业通过将人才的招聘、技能培训等委托给专业培训机构以及高校，既节约了人才培训成本，又能达到有针对性、专业性的目的。通过将企业的基础设施建设委托给专业的技术外包服务商，能避免自主建设造成的浪费。

（二）电子商务服务产业价值链

企业的价值链不是孤单存在的，同一行业的其他企业也会对该企业的成本和效益产生较大影响。因此，研究电子商务服务产业的价值链具有理论与实际意义。我们认为，电子商务服务产业价值链一般由电子商务基础产业、电子商务技术与支撑服务产业、电子商务运营服务产业和电子商务售后服务产业共同构成。电子商务服务价值链传递的过程是电子商务服务产品价值得以实现、电子商务服务产业获取利润的过程。不同层次的电子商务服务企业通过专业分工、协作，为电子商务应用产品注入价值。用户则通过使用服务企业提供的服务实现顾客价值。

电子商务基础产业是电子商务服务产业得以发展的保障，主要包括信息化基础设施和相关的行业规则、行业标准、政策、法规。硬件上，为电子商务服务产业提供基础设施建设，例如，宽带网络、电子商务产业园和服务网点、仓储物流站点等；软件上，从安全、协调等角度为其提供可持续发展环境，包括电子商务服务业的行业规则与标准体系、政策与法律体系、电子认证服务、信用服务。随着电子商务服务业的不断发展，以及对基础设施、环境要求的不断升级，势必将带动基础设施提供行业以及业务流程外包服务的发展，既能有效解决就业问题，也会为国民经济的发展作出贡献。

在电子商务基础产业下，电子商务技术与人才支撑服务商为顾客开展电子商务应用提供支持服务，包括通信服务、平台与软件服务、咨询服务与教育培训服务、信息安全服务等。通信服务主要为顾客提供互联网接入服务，由电信服务商、网络服务商提供服务；平台与软件服务主要为顾客提供网站设计与建设、ASP服务、应用软件服务以及各类管理系统（如面向电子商务业务的企业资源规划系统、客户关系管理系统、进销存管理系统、商务智能系统等）服务，由各类电子商务平台和应用软件提供商构成；咨询服务业由从事电子商务咨询服务的企业和电子商务研究机构等构成；教育培训服务业由专门从事电子商务培训的企业和电子商务教育机构构成，电子商务应用人才是开展电子商务活动的核心。这些服务商位于电子商务服务产业价值链的上游，是发展电子商务服务的基础，同时也贯穿于企业开展电子商务应用的全过程。

作为整个产业价值链的节点，电子商务运营服务处于产业价值链的核心。它以完成交易为目的，首先为网销产品进行专门的设计和包装，使其适应电子商务环境，并积极开展品牌建设活动，使产品价值增值，然后借助电子商务交易服务平台，为买卖双方提供消费的需求和供应信息，利用海量数据挖掘消费者的网购需求、规律和习惯，从而利用各种方式开展"千人千面"的营销服务，通过电子支付服务（如支付宝、微信支付等）、物流服务等将产品交付给顾客，最终实现产品的价值。同时，客户服务商通过在售前挖掘消费者需求并给他们匹配产品、售中与其保持密切联系并答疑解惑、售后及时跟踪等手段吸引并留住客户，电子商务增值服务商通过商检、产品质检、电子海关等检测服务以及税收、法律等业务代理服务为客户提供电子商务增值服务。

交易完成后，电子商务售后服务商提供相关业务项目，如升级换代等，实现电子商务服务产品的增值。此类服务商处于整个产业价值链的下游，同时也是电子商务服务业价值增值的重要组成部分。它不仅带动了商业的发展，还促进了电子商务上下游周边服务业的发展。

总体来讲，电子商务服务产业是个庞大的体系，既需要位于整个产业价值链核心的运营服务，也需要交易顺利开展的电子商务基础条件、技术与人才支撑服务企业、交易产品外包服务企业以及售后服务企业的共同努力，它们之间相互促进、相互协调，既促进产业自身的发展，也带动周边相关产业的发展。

需要说明的是，产业之间的联系是异常广泛的。广义来说，信息化基础设施虽然是电子商务服务产业的价值链构成，但是它具有相对的独立性。为了更明确地阐述电子商务服务业的产业结构，我们在电子商务服务业的内涵上，并没有将其划归为电子商务服务业。同样地，电子商务销售的产品是由厂家生产出来的，它们也是电子商务服务业价值链上的一环，但是考虑到电子商务服务业价值链的独立性，我们没有将其划归为电子商务服务业，而是作为电子商务应用产业的一个组成部分。

三、生态结构

生态结构的概念来源于自然生态学理论，自然生态学研究生物生态系统的构成要素、空间分布和能量转移途径。在生物生态系统中，生产者、消费者和分解者通过食物链和食物网来实现物质和能量的循环流动，实现生物、微生物环境以及周围非生物环境之间的互动和相互适应，从而共同进化。借鉴这一理论，结合电子商务服务产业商务活动的特点，我们将电子商务服务产业中的相关要素分为服务生产者、服务接受者、服务传递者和服务支撑者四种类型。电子商务服务在这四类主体之间不断传递和反馈，促进电子商务服务活动、服务价值和服务环境之间的互动与协调，实现价值增值、价值共享和协同进化。不同的电子商务服务生态链相互关联，形成结构和功能复杂的电子商务服务生态系统。

服务生产者是指提供电子商务服务的企业或组织机构，包括各类电子商务服务企业、相关政府部门和社会组织机构等。例如，在电子商务活动中，"四通一达"、顺丰、德邦物流等第三方物流公司以及菜鸟驿站等第四方物流提供物流服务；支付宝、微信支付、易付宝等第三方非金融机构支付公司以及银联等支付机构提供支付与结算服务、信用服务和小额贷款等金融服务；上海宝尊、北京古星、广州易积电器、北京兴长信达等代运营企业提供各类代运营服务等。

服务传递者是指连接服务生产者和服务接受者的介质和相关企业。服务传递者将服务生产者提供的服务传递给服务接受者，同时将服务接受者的反馈传递给服务生产者，使电子商务服务活动顺利开展。电子商务服务传递者通常是指各类电子商务平台和平台运营企业。例如，阿里集团利用淘宝、天猫等交易平台连接网商和消费者，利用淘宝开放平台、千牛、聚星台、聚石塔、阿里妈妈、服务市场等平台连接电子商务服务商和网商。

服务接受者是指接受服务生产者提供的各类电子商务服务的企业和个体，包括个体和企业网商、供应商和采购商、消费者等。服务接受者接受生产者提供的信息服务、平台服务、物流服务、支付服务、信用服务、营销服务等各类电子商务服务，提升其电子商务活动的效率和质量，使其价值增值。同时，服务接受者根据自己的服务体验和需求，通过服务传递者向生产者反馈，从而优化和完善生产者提供的服务内容和服务形式。

服务支撑者是指从宏观角度支撑和协调整个电子商务服务产业的活动，以推动其健康稳定发展的组织结构，包括电子商务服务相关政策与法律的制定者、行业标准与规则的制定者、相关行业分析机构、研究机构、行业协会、网商联盟等。服务支撑者为整个电子商务服务活动的开展提供宏观指导，规定和约束服务主体开展电子商务服务活动的内容和方式，引导其健康发展。

电子商务服务活动的开展，使价值在服务生产者、传递者、接受者和支撑者之间不断正向传递和负向反馈，实现价值的流动、增值和共享。同时，服务生态链与宏观的政治、经济、社会、技术、法律、政策等大环境相互适应与协调，从而共同进化。需要注意的是，电子商务服务生态链以及由生态链相互关联形成的生态系统均较为复杂，因此主体的角色和功能并非一成不变，而是随着场景的不同呈现出弹性变化，不同角色之间也并不是截然分开的，而是彼此交错、动态变化的。例如，电子商务平台作为服务传递者的同时，由于其复杂的功能，往往也能够提供平台服务、信息服务并助力营销服务的开展，因此，它也是服务的生产者；平台运营商往往是行业规则与标准体系的积极参与者，因此也担任服务支撑者的角色；当网商联盟在为网商提供电子商务培训、咨询等服务时，便也是服务生产者的一员。

第二章 电子商务营销服务运营管理

随着电子商务交易平台的服务范围不断向产业链上下游延伸，依托于电子商务交易平台的营销服务也得到了快速发展，并逐渐形成了成熟的、系统的理论体系。如今，人们已经可以利用科学的管理手段和方法来运作电子商务交易平台以及寄生在平台上的网络店铺，为用户提供更加便捷、高效的服务，促进经济社会发展。

第一节 电子商务交易平台

一、电子商务交易平台的含义

电子商务交易平台是建立在互联网上进行商务活动的虚拟网络空间和保障商务顺利运营的管理系统，是协调整合信息流、物流、资金流的重要场所。企业、商家可充分利用电子商务交易平台提供的网络基础设施进行资源共享，开展高效率的商业活动。

二、电子商务交易平台的分类

根据不同的分类标准，可以将电子商务交易平台划分为不同类型的平台。

（一）按照交易主体划分

根据参与电子商务交易双方主体的不同，一般可将电子商务交易平台分为三种类型。

1.B2C 交易平台

B2C（Business to Customer）交易平台中的交易行为发生在企业与个体消费者之间，主要是企业借助互联网开展在线销售活动，如天猫商城等。

2.B2B 交易平台

B2B（Business to Business）交易平台即进行电子商务交易的供需双方都是商家（企业、公司）的平台，它们通过网络平台进行产品、服务及信息的交换，如 1688 等。

3.C2C 交易平台

C2C（Customer to Customer）交易平台是指消费者与消费者之间进行交易的平台。个体消费者通过电子商务平台进行交易，把物品出售给另外一个消费者，此种类型的交易平台就称为 C2C 交易平台，如二手交易平台闲鱼等。

（二）按照建设主体划分

根据电子商务交易平台的建设主体，可以将其划分为自建交易平台和第三方交易平台两类。

1. 自建交易平台

自建交易平台即企业自主搭建的、不依靠任何第三方电子商务平台运营的网上商城，如凡客诚品、网易严选等。

自建交易平台就像大型实体商场一样，拥有自己独立的店标、品牌和企业形象。企业能自主"装修"网上商城，也能完全且详尽地拥有用户资料，还能独立开展各项营销活动。

2. 第三方交易平台

第三方交易平台是指由除买卖双方之外的第三方建设的，为买方和卖方开展电子商务提供服务而建设的平台，如微商城、天猫商城等。

第三方交易平台独立于商品或服务的提供者和需求者之外，按照特定的交易与服务规范，为买卖双方提供服务，服务内容可以包括但不限于"供求信息的发布与搜索，交易的确认、支付、物流"。

（三）按照行业范围划分

根据电子商务交易平台所涉及的行业范围，可以将其分为综合类交易平台和行业垂直平台两类。

1. 综合类交易平台

综合类交易平台是指商品种类多样，涉及内容丰富，覆盖各行各业的电子商务交易平台，如京东商城等。

2. 行业垂直平台

行业垂直平台是指面向特定行业领域，为用户提供信息交流、资源互享、商品交易的电子商务交易平台，如供销 e 家、中国鲜花网等。

（四）基于电子商务新业态划分

近几年来，信息技术的发展对电子商务产业产生了广泛而深远的影响。在消费者需求不断变化、产业升级换代的大背景下，产生了大量的电子商务新业态。新业态的出现极大地丰富了电子商务的商业模式，为电子商务发展注入了新的活力。

1. 社群电子商务平台

社群电子商务平台是指利用社会化媒体充分激活社群沉淀用户，引导消费者利用朋友推荐或者达人推荐来取代漫长而又不可靠的商品筛选，以实现企业商务活动的平台，如小红书、美丽说等。相关数据显示，2014年社群电商规模达到960亿元，商户规模为916万户；据估算，到2020年我国社群电商商户规模将达2400万户，市场规模将突破万亿元。《电子商务"十三五"发展规划》中明确提出要"鼓励社交网络发挥内容、创意及用户关系优势，建立链接电子商务的运营模式，支持健康规范的微商发展模式"，为我国社群电商经济的发展指明了发展方向。

2. O2O平台

O2O即Online To Offline，是指将线下的商务机会与互联网结合，让互联网成为线下交易的前台。这个概念最早来源于美国，其外延非常广泛，只要产业链中既涉及线上又涉及线下的交易模式，都可通称为O2O。

O2O平台使消费者可以通过线上来筛选商品、在线预订、结算，甚至可以灵活地进行线上预订线下交易，如美团、饿了么等。

3. 直播电商平台

直播电商平台即通过网络视频直播，以网络红人、明星、品牌等直播内容为流量入口，吸引粉丝到指定网上店铺消费变现的平台，如斗鱼、蘑菇街等。

直播电商与传统电商的区别在于商品实物会实实在在地出现在动态画面中，主播甚至会把商品的详情、优缺点、使用效果都通过视频化的媒介展现出来，不仅在对话中实现实时互动，完成商品"导购"，还能保证所见即所得，极大地减少消费者的疑虑。

（五）基于市场应用的多标准混合划分

电子商务交易平台类型的划分标准并不是一成不变的。随着电子商务服务业的不断发展，交易平台的类型也在不断增加，很多平台可能同时兼具几类电子商务交易平台的特点，这无疑为平台分类标准的制定增添了难度。事实上，目前已经很难基于某种单一的划分标准对市场上主流的电子商务交易平台做出明确的归类，而需要使用多重标准混合划分，才能较为全面地概括出平台自身的特征属性，如综合类第三方交易平台、自建行业垂直平台等。

三、典型平台介绍

（一）综合类第三方 B2B 交易平台——1688

1688（www.1688.com，前身为阿里巴巴中国交易市场）创立于1999年，是中国领先的网上批发平台，覆盖服装、电子产品、原材料、工业部件、农产品和化工产品等多个行业的买家和卖家。1688为商家提供了批发销售商品的渠道。

截至2023年12月，1688的买家会员数高达2亿，B类买家数6500万，年交易额8000亿元。1688的用户群体主要集中在年轻人群，尤其是25岁到35岁的年龄段。这些用户主要来自一、二线城市，且以年轻男性和女性为主。

1688 的用户数量在过去几年中呈现出显著的增长趋势。例如，2023 年 1—11 月，跨境注册买家数同比增长 76%，已超过 594 万。此外，2023 年 12 月中旬，主动打开 1688App 的用户数量突破了历史新高，同期商家数量也创下了新高。相关数据显示，1688 跨境平台的中国货源，深受"一带一路"共建国家和地区的商家和消费者喜爱，该平台已成为"一带一路"共建国家和地区跨境电商重要的货源采购平台。

（二）综合类第三方 B2C 交易平台——淘宝网

淘宝网（www.taobao.com）是 2003 年由阿里巴巴集团创办的网上交易平台，于 2011 年分拆为三个子公司：专注于 C2C 业务的淘宝网、B2C 模式的淘宝商城（后更名为"天猫"）、一站式购物网站—淘网。

淘宝网作为中国深受欢迎的网购零售平台，拥有近 5 亿的注册用户数，每天有超过 6000 万的固定访客，同时在线商品数已经超过了 8 亿件。根据 Quest Mobile 2023 年的报告，淘宝 App 的日均活跃用户数达到了 4.02 亿，并且在"6·18"大促期间，总活跃用户数达到了 9.15 亿，稳居电商平台的第一位。此外，淘宝的日活跃用户数已经连续 5 个月高位增长，是目前唯一日均活跃用户破 4 亿的电商平台。这些数据表明，淘宝网的活跃人数不仅庞大，而且呈现出持续增长的趋势。

尽管如此，值得注意的是，淘宝网的活跃用户数在不同的时间段和活动期间会有所波动。例如，在"双十一"期间，淘宝的活跃人数可能会进一步增加，因为"双十一"是一个重要的购物节日，吸引了大量的消费者参与。此外，淘宝网还通过广告技术升级和电商广告货币化率的提升来吸引更多的用户，这进一步推动了其活跃用户数的增长。随着淘宝网市场规模的扩大和用户数量的增加，淘宝网已从单一的 C2C 网络集市变成了包括 C2C、团购、分销、拍卖等多种电子商务模式在内的综合性零售商圈，销售商品涵盖了衣饰、食品、电子设备、运动器械、家居产品、鲜花、汽车、百货、信息类产品等各个方面，集商品交易、网络营销、电子商务应用集成、虚拟社区、外卖等多种功能于一体，已成为我国主要的大型综合电子商务交易平台和最受欢迎的网络零售平台之一。

（三）社群电商平台——小红书

小红书（www.xiaohongshu.com）创办于 2013 年，致力于通过深耕 UGC（User Generated Content，用户创造内容）购物分享社区，发展成为全球最大的消费类口碑库和社区电商平台。

小红书从社区起家，用户在社区中发布的内容从开始的海外购物经验发展至美妆个护、餐厅、运动、家居、旅游等各方面的信息分享，涵盖了生活的方方面面。2016 年初，小红书将人工运营改成了机器分发的形式，通过大数据和人工智能，将社区中的内容精准匹配给用户，从而提升了用户体验。

（四）直播电商平台——淘宝直播

淘宝直播是阿里于 2016 年 3 月推出的直播平台，定位于"消费类直播"，用户可边看边买，涵盖商品和服务包括母婴、美妆、潮搭、美食、运动健身等。

淘宝直播根植于淘宝电商生态，2022 年淘宝直播交易规模为 7700 亿元。2023 年初，淘宝定下的五大战略之一就有"直播。此前在 2023 淘宝天猫商家及生态伙伴大会上，淘天集团公布了全新的特色店铺与商品体系。"直播"成为了店铺底部菜单的可选项，商家可以将直播设置为一级入口。

淘宝直播的访问量已经显著提升，日均用户访问量翻了5倍。这一增长得益于淘宝网近期对网页版淘宝直播功能的上线和优化，包括产品体验、商品供给、内容供给等方面的全面改进。这些措施不仅提升了用户的使用体验，还通过社交媒体平台如微博、微信、抖音等的宣传，扩大了淘宝直播的影响力和观众基础。此外，淘宝网首页的"6·18"活动氛围设计以及提供的优惠活动，如官方立减、满减活动等，进一步吸引了用户参与，促进了访问量的增加。

第二节 电子商务交易平台的运营与管理

电子商务平台的运营与管理是平台运营商为提高服务水平、增强盈利能力，对一切与平台相关的活动，包括技术、美工、市场、销售、内容建设、维护更新等进行的业务操作与管理。运营主要通过网站推广、活动策划和数据分析等手段来提升平台的用户知名度、市场占有率和综合影响力，管理旨在通过对交易各个阶段的调整和规范.使整个电子商务流程更加有序和高效。

一、平台建设

电子商务平台建设是一切运营和管理手段实施的基础，没有系统化的平台建设，运营和管理就无从谈起。电子商务平台的建设在理论上讲应包括平台的定位与策划、平台的功能设计、平台的发布与上线。

（一）平台的定位与策划

1. 电子商务模式选择

企业在建设电子商务平台前都必须做出一个最基本的选择，即企业选择在什么样的市场展开竞争。以如今电子商务产业竞争的激烈程度，如果企业没有清晰的目标和定位就贸然进军电子商务市场，很有可能在短时间内就被蚕食殆尽。比如很多中小企业由于对自身和市场的认识不足，盲目地赶潮流，在电子商务活动中一味地求大、求全，投入大量的资金，以为这样企业的发展就进入快车道了，然而事实上，这样的做法通常收效甚微；有的企业即使建立了功能丰富的电子商务平台但访问量却很少，即使购买了关键字搜索排名也无人问津。针对这些情况，企业在建设电子商务平台前，就应先分析企业开展电子商务活动的目标，了解企业信息化需求，然后根据企业现状选择合适的电子商务模式。只有这样才能做到有的放矢，企业搭建电子商务平台才有意义。

2. 平台可行性分析

在电子商务模式确定后，就要对平台建设进行可行性分析，并确立一个切实可行的实施方案，以使平台的实现过程更加有序。在平台规划设计之前，平台开发人员必须了解平台的建设目标、资源状况和受众群体，并有针对性地对平台进行系统规划，提出可行性分析报告。

（1）平台基本目标

平台开发人员要了解企业通过平台建设期望达到的目标是什么。通常来说，其目标有提高销售额、推广新产品和拓展国内外市场等内容。只有把握住平台的这些基本目标，规划方案才有撰写的依据，才能牢牢抓住用户的需求。

（2）平台资源现状

资源现状对于平台定位、平台建设规模、平台投资与回报计划、平台运营均有重要影响。资源是内容输出的基础，也是流量的保证。电子商务交易平台的重要功能不仅包含商品和服务的线上交易，还具有宣传企业文化、推广企业形象、引导用户浏览和消费等功能。所以，充分整合企业资源（包括图片、视频、文献、专利等资料）对平台前期的规划建设有重要的意义。

（3）竞争对手分析

由于各行各业经营业务范围、技术状况、管理模式不同，平台应用的情况也不尽相同。比如，有的行业巨头企业由于起步较早，已经运用互联网将电子商务平台建设的水准提升到相当高的层次，这无形中提升了同行企业电商化的门槛，因此，平台建设不能随意进行。企业可以适当参考业内的成功案例，从中汲取宝贵经验。同时也要注意发现问题和不足，强调改进和创新，根据企业自身情况，注重体现特色化和差异化，提升自身平台的竞争力。

3. 平台建设规划

在完成可行性分析并得出肯定的结论之后，企业应该着手平台建设规划，具体包括以下内容。

（1）平台技术解决方案

①平台类型选择，是建设网站还是研发移动端App，或者搭载第三方平台。

②采用自建服务器还是租用虚拟主机。

③采用模板自助建站还是个性化开发。

④平台安全性措施，防黑、防病毒方案。

⑤动态程序及数据库的选择。

（2）平台页面设计

①确定平台的结构导航，如新闻动态、商品介绍、信息搜索等。

②确定平台的整体布局，要使页面内容看起来清晰有序、一目了然。

③确定平台的设计风格，网页美术设计一般要符合企业整体的形象气质，要注意网页色彩、图片的应用，保持网页的一致性。

（3）平台后期维护

①服务器及相关软硬件的维护，对可能出现的问题进行评估，制定响应时间。

②数据库的维护，查检数据库的漏洞，防止数据损坏或丢失。

③平台内容的更新和调整。

（二）平台的功能设计

拥有新颖、强大的功能，对于平台的建设和营销推广来说是一个关键的环节。因此，如何做好一个功能相对完善，具备良好的易用性、实用性和可扩展性的功能设计，是一个现实的问题。

1. 前台功能设计

平台前台页面是用户唯一能接触到的部分，因此前台页面的操作必须做到简单、人性化，并且要尽量符合用户的使用习惯，所以前台的界面和操作流程应与当前的主流平台类似。

用户在进入平台后，首先通过平台首页对该平台形成总体认知，比如可以查看平台内发布的公告，正在进行的特价商品活动，查看商品类别，搜索商品信息等。当用户看到感兴趣的产品信息时，可以直接进入该商品页面查看详细介绍从而决定是否购买。

用户下单时必须要求在平台内注册账号并登录，以便平台能够在数据库中对订单以及用户有完整的信息记录。

在订单生成后，用户可以追踪到自己的购买记录，享受平台提供的售后服务。

除了针对用户设计的功能，企业还要管理平台内的商品和服务，包括动态的更新，商品的上架和下架，管理在平台内登记注册的用户等方面。第三方平台还需要对平台内的店铺进行监管，维护消费者的权益。

根据上述功能需求，企业平台主要有以下问题需要解决：（1）设计商品展示功能。（2）设计商品订购功能。（3）设计信息发布功能。（4）设计信息搜索功能。（5）设计广告展示功能。（6）设计用户评论功能。（7）设计会员服务功能。

2. 后台功能设计

对于平台管理和维护人员来说，后台操作是他们的核心工作。要想保证顾客在前台操作的用户体验，必须有高效的后台管理作为支撑。所以根据电子商务交易平台在管理逻辑上的需求，平台后台设计方案需要包含以下方面：（1）设计系统维护管理功能。（2）设计商品管理功能。（3）设计商品订购管理功能。（4）设计信息发布管理功能。（5）设计广告管理功能。（6）设计会员管理功能。（7）设计会员评论管理功能。

（三）平台的发布与上线

在完成了平台设计和制作后，就要将平台发布与上线，面向市场接受用户的考验。根据平台设计时所选择建设方案的不同，网站平台和 App 平台有不同的发布与上线方式。

1. 网站平台的发布与上线

网站平台的发布与上线包含三个步骤：注册域名、申请网站空间、网站上传及域名解析。

（1）注册域名

域名是上网单位的名称，是一个通过计算机登上网络的单位在该网中的地址。企业希望通过网站的形式建立自己的电子商务交易平台，就必须注册一个域名。

域名的注册要遵循先申请后注册的原则，对于是否违反了第三方权利的问题，管理认证机构会对申请企业或个人提出的域名根据中国互联网域名管理办法进行实名和命名审查。在世界各地每处域名注册服务机构里，每一个域名的注册都是独一无二、不可重复的。因此在网络上域名是一种相对有限的资源，它的价值将随着注册企业和个人的增多而逐步为人们所重视。

注册域名一定要找正规的 ICANN（Internet Corporation for Assigned Names and Numbers，国际互联网名称与编号分配机构）认证的代理商，如商务中国、中国万网等。

（2）申请网站空间

在发布网站前，需要租用一个网站空间或服务器。收费的网站空间可以向专门的网络公司租用，也可以自己购买服务器托管到 IDC（Internet Data Center，互联网数据中心）机房，前者费用低，后者费用高。托管还需要自己有一定服务器管理技术，这就要根据网站具体情况而定。

电商平台与其他平台的不同之处在于电商平台对服务器的安全性和稳定性要求更为严格，因为电商平台一般都支持在线交易功能，这关系到企业及用户的资金、信息等方面的安全问题。此外，电商平台的图片较多，因此对平台的空间大小要求较高，企业需要根据自身实际情况选择适合的网站空间或服务器方案。

（3）网站上传及域名解析

有了网站服务器和域名后，需要将网站文件传到服务器上。如果是租用的服务器，还需在服务器上配置网站运行环境和安装服务端软件。最后，把域名解析到服务器的 IP（Internet Protocol，国际互联网协议）上，然后在服务器上绑定域名，输入域名就可以看到发布成功后的网站了。需要注意的是，目前国内的服务器域名均需要备案，备案通过后才能正式访问。

2.App 平台的发布与上线

App 平台的发布与上线需要适应不同的手机操作系统，这里以安卓系统为例介绍 App 平台的上线步骤：

（1）首先打开安卓应用市场官网，如应用宝、360 手机助手、百度手机助手、沃商店等，注册成为开发者。

（2）登录后进入"开放平台"页面，选择"提交软件"选项，依次上传创建的App生成的APK文件包和App应用的截图，截图需上传2~5张，大小限制在200K以内，支持JPG、JPEG、PNG、BMP四种格式。

（3）添加软件信息，包括填写App名称，上传小图标和填写软件介绍描述文字等信息，按要求填写完毕之后即可提交审核。

（4）提交审核合格后，一般两三天时间之后就能够上线到应用市场，如果App提交内容中有不符合要求的地方，安卓市场会将不合格的内容及原因发送至注册的邮箱中，提醒用户修改之后再提交。

二、平台运营

平台运营是为了提升平台服务、维系老客户以及发展新用户而从事的与平台经营、运作等相关的工作，主要包括平台推广、活动策划和数据分析三个方面的内容。

（一）平台推广

平台推广是电商平台运营工作的基本内容之一。在完成了平台基础性的设计和建设后，要将其推广出去，让更多的人知道并使用这个平台。为了很好地完成平台推广的工作，需要了解平台网络推广的途径和方法，并能根据实际需要，合理地利用它们。

1. 搜索引擎推广

搜索引擎推广是通过搜索引擎优化，使相关网页在搜索引擎的结果页面取得较高排名的营销手段。搜索引擎优化对平台的排名至关重要，因为搜索引擎在通过网络爬虫程序收集网页资料后，会根据复杂的算法（各个搜索引擎的算法和排名方法不尽相同）确定某一个搜索词的相关度并决定其排名。当客户在搜索引擎中查找相关商品或者服务的时候，通过专业的搜索引擎优化的页面通常可以取得较高的排名。

搜索引擎推广的核心内容是搜索引擎优化。对于任何一家平台来说，要想在平台推广中取得成功，搜索引擎优化是最为关键的一项任务。同时，随着搜索引擎不断变换它们的排名算法规则，每次算法上的改变都可能会让一些平台的排名有大幅度下降，其后果就是失去了平台固有的可观访问量。所以，每次搜索引擎算法的改变，都会在平台引起不小的骚动和焦虑。可以说，搜索引擎优化也成了一个越来越复杂的任务。

国内外的搜索引擎非常多，但主要的、影响力较大的不过十余个，国外的有Google、Yahoo、Excite、AOL等，国内的有百度、搜狗和360等。企业需要根据实际情况选择最优的搜索引擎来进行推广。

以百度推广为例说明具体操作步骤：第一步，企业选择推广关键词，发布推广信息。第二步，潜在客户在百度搜索，或者浏览百度联盟，点击企业推广信息。第三步，客户与企业进行联系洽谈，达成交易。百度推广完全按照给企业带来的潜在客户点击量计费，没有点击则不会计费，推广关键词由企业自主选择。所以，在关键词的选取上，企业应该从商品名称、特点、学术界的标准、访问者的习惯等几方面进行综合考虑。特别要注意的是英文关键词，翻译要精确，这样才能保证搜索引擎推广的效果。

2. 新媒体推广

在当前的商务环境下，新媒体推广成为企业和网商的首选。新媒体是新的技术支撑体系下出现的媒体形态，如数字杂志、数字报纸、数字广播、数字电影、手机网络等。相对于报刊、户外广告、广播、电视四大传统意义上的媒体，新媒体被形象地称为"第五媒体"。

随着新媒体的技术和思维不断升级和进步，新媒体推广的传播渠道也越来越多，其中在电子商务服务业应用最广泛的有微信推广、微博推广、网络视频推广以及直播推广。

（1）微信推广。微商的出现让每一个用户都知道微信可以推广和销售商品，也让很多企业开始意识到仅仅依靠传统的电视、广播、广告牌等方式宣传商品是远远不够的。在传统推广模式中，企业与消费者之间距离太远，也缺乏互动，很难真正地起到促进消费的作用。而利用微信平台进行推广，往往会产生事半功倍的效果。一方面，企业平台可以通过微信公众号获得稳定的粉丝群体来进行精准营销。另一方面，企业还可以通过老客户的朋友圈进行二次传播，带动新客户群体，并利用社交圈子的介绍及转介绍方式持续维护和壮大关系链条。电商平台在利用微信推广的过程中与消费者进行有效互动，使消费者有更好的购物体验，而且能提升对商家的忠诚度。可以说，微信平台带来了商家与客户之间前所未有的互动感和信任度。

（2）微博推广。微博每天的热门话题都牵动着广大网民们敏感的神经，数以亿计的用户活跃量使微博成为传播广而快的新媒体推广工具。微博可以把粉丝群体的力量极度放大，企业平台只需要把商品或者品牌融入高质量的软文中，再蹭上各种焦点新闻的热度，经过粉丝的评论转发增加曝光度后，就能取得巨大的推广成效。在这个过程中，平台又能源源不断地获得新粉丝，形成良性循环的推广效应。

（3）网络视频推广。现在以秒拍、抖音、快手为代表的视频推广工具异常火热，随着未来移动设备的硬件条件越来越高、网络速度不断加快，图文形式已经无法满足人们娱乐消费的需求，所以，视频会成为新媒体推广的热门趋势。只要能拍出有吸引力、感染力强的视频内容，就能起到很强的宣传效果。

（4）直播推广。网络直播推广也是新媒体推广的一种主要形式。天猫在每年"双十一"活动时都会邀请大量的娱乐明星或者网络红人进行直播互动来宣传造势。而随着近几年来直播行业的不断发展壮大，企业商家利用直播平台吸引眼球的推广手段也越来越成熟，未来可能也会发展以与知名网络主播合作的方式来进行线上销售的渠道。

除此之外，还有很多其他的新媒体推广模式，比如论坛、社区、社交网络等。新媒体推广已经成为企业平台建设运营中不可忽视的环节，如果企业不能在新媒体推广中站稳脚跟，就会被用户遗弃，被市场淘汰。

（二）活动策划

"6·18"的硝烟还没散尽，"双十一""双十二"的战争就已打响。现如今，各大电商平台的大型活动就如每年的农历传统节日一样，成为人们生活中的一部分。除了大型活动，平日里我们打开各类电商平台，也会被首页各色各样的活动宣传所吸引。活动策划显然已经成为当下电子商务平台运营中最"烧脑"的环节，需要从一开始就拿出完整的策划方案，以指导活动的顺利开展。

1. 活动目的

电子商务平台活动策划主要为了实现以下目标。

（1）订单转化。电商平台的盈利模式就是将流量转化为订单，通过售卖商品获取差价利润。所以，订单转化是各大电商平台最主要的目标，运营的所有 KPI（Key Performance Indicator，关键绩效指标）最终都归结于订单数和 GMV（Gross Merchandise Volume，一定时间内平台成交总额）。

（2）用户激发。与实体超市长期推出促销活动一样，线上电商平台也需要通过活动来维系用户，让用户进入平台产生消费欲望，提升购买趣味性，然而其实质只是包装几款打折商品，变换不同的噱头，更改活动名称而已。越来越多的电商不仅走传统促销路线，而且开始走内容路线，像读故事一样将潜在客户带入情节，如淘宝的"一千零一夜"，以拍摄影视剧的活动形式推广美食，这样即使用户不消费，也赚取了足够的用户停留时间。

（3）流量获取。对电子商务平台来说，只要有流量，就不愁没有订单。每年的"双十一"就是电商狂欢节，所有电商平台的流量都会在这一天达到全年的顶峰。所以为了迎接"双十一"，各大电商平台都会一早就投放大量的广告，从线下到线上，从网络直播到大街小巷的宣传造势，就是为了给平台吸引更多的流量。活动前期声势浩大的预热宣传，以及各商家页面的"双十一"价格标识，都是在为当日聚集巨额流量冲刺订单交易额峰值做准备，"流量×转化率＝订单量"，所以流量的铺设尤其重要，大型活动更需要提前做好预热宣传。

（4）品牌宣传。大促活动除了承担当年企业平台的营收主力份额，还能带来品牌宣传效应。通过铺设大量广告冲击用户感官，制造记忆点，让用户产生"6·18"就上京东买电器、"年货节"就上天猫抢年货的消费习惯。电商购物节就是这样被打造出来的全民狂欢的节日庆典。

2. 活动题材

活动题材大多要视具体情况而定,每个时间节点上的营销热点都不一样。总的来说,活动题材主要有以下几类。

(1)优惠促销类

最为常见的是商品优惠促销类。打折、满减、特价、买一送一、新人礼包、天降红包等均是直接通过对某种或某类商品做优惠促销,从而刺激用户购买欲望。此类活动的策划只需要确定折扣商品和折扣力度,投放在特定的优惠专区,如天天特价专区、淘抢购和聚划算等。同时,其他题材的活动也会加上促销,区别是活动主题不是直接打折而是包装一个主题。

(2)节日节气类

节日节气类是最常见的活动主题。经过这些年来电商平台所做的努力,用户已经被培养出每逢节日必有活动的消费意识。情人节和圣诞节、父亲节和母亲节等多个节日,均是商家营销的好时机。而实际上,用户在节日也会有购买礼物赠送给亲朋好友的消费需求,所以节日促销可以实现买卖双方的共赢。

(3)热点事件类

这类主题与时下社会热点事件相关,比如在足球世界杯、奥运会等赛事期间可以主打运动服装类的品牌推广。还有一些突发性的事件,比如某部电影或者电视剧突然爆红,平台可根据剧中人物设定,策划服装、美妆、箱包类的活动,借助影视剧的热点吸引用户眼球，刺激用户情感消费；又或是让当红明星为企业或旗下品牌代言，借助明星的热度开展品牌活动，效果会比平时要好。

（4）内容主题类

内容主题类活动即根据商品属性，策划一些与之相关的内容专题，如"三只松鼠"的"青春毕业季约会好零食"，即根据用户多为年轻人，结合毕业季主题策划的包装活动。同时，纪念册、明信片等商品也可以围绕毕业季来大做文章。

（5）用户场景类

用户场景类活动是根据用户故事或用户使用场景展开活动的。如"饿了么"早餐主打写字楼白领用户，微信充值推出的"为爱充值"引导用户替父母亲人充值手机话费。部分商品的用户既有学生又有商务白领用户，这需要根据不同用户类型包装不同的用户故事和使用场景。

（6）游戏抽奖类

这类活动是指"1元夺宝""9.9元电影券""0元抽奖""低价秒杀"等一系列游戏化的玩法，利用人们的博弈心理提高用户参与度，打造限量爆款获取更多流量，同时，用户也能参与其中获得游戏的快感。

3. 活动方案

活动策划在明确了活动目的和活动题材之后，落实到执行还需要细化到具体的活动方案。活动方案需要考虑的要点包括：活动时间和地点、活动形式、活动规则、活动奖励机制、活动流程、活动规划、活动推广、活动数据等。

电商平台要想在活动策划上领先竞争对手，不仅要有丰富的创意灵感，同时要有优秀的项目管理意识。更重要的是，在活动上线前期做好充分应对准备，如果遇到数据不好或者数据表现异常，均需要给予足够的关注度来应对。整个过程中要充分发挥运营团队的主观能动性，在活动开展期间保证平台的正常稳定运转。活动完成后还一定要有复盘、数据回收、得失分享的过程，从结果出发，以终为始，争取下一次做得更好。

（三）数据分析

相对于传统零售业来说，电子商务的一大特点是平台上的所有运营情况都可以进行数据化的统计和分析。通过数据可以看到用户从哪里来，如何组织商品可以实现很好的转化率，平台投放广告的效率如何等问题。所以，电子商务平台的数据分析显得尤为重要。

电子商务数据分析联盟将电子商务数据分析体系分为五个一级指标，包括网站运营指标、经营环境指标、销售业绩指标、运营活动指标和客户价值指标。详情可以参考淘宝官方的《电子商务数据分析》报告。

数据分析体系建立之后，其数据指标并不是一成不变的，需要根据业务需求的变化实时地进行调整，调整时需要注意的是统计周期的变动以及关键指标的变动。通常，单独地分析某个数据指标并不能解决问题，而各个指标间又是相互关联的，所以需要将所有指标织成一张网，根据具体的需求寻找各自的数据指标节点。

三、平台管理

平台管理是指为了保障平台日常工作的效率和保持平台服务质量的提升

而进行的一系列工作的综合。平台管理主要包括：商品管理、新闻管理、广告管理、订单管理、会员管理。

（一）商品管理

商品信息是电子商务平台必不可少的部分。在网上交易过程中，消费者一般通过虚拟的商品信息做出判断，所以商品管理是平台管理中至关重要的环节。不同类型的电子商务平台对商品管理的要求也不同，比如第三方交易平台只需要做好商品分类，而自建交易平台则还需要涉及商品描述的编辑与发布、商品标题的优化。这里主要介绍商品分类管理。

随着科学技术的进步与商品经济的不断发展，商品的品种及数量不断增加，商品分类的作用也日趋明显。科学的商品分类不但有利于营销工作的更好开展，更重要的是方便用户浏览及购买商品。

在电商平台上，要合理建立商品的目录结构，提供网站导航和搜索功能，使用户可以快速、便利地寻找到需要的商品和相关信息。网站或网店的商品分类可以以商品的不同属性为依据。比如商品大类可以分为男装女装、男鞋女鞋、珠宝首饰、家用电器等，服装中男装又可以按适用季节划分为短袖背心、夹克外套、羽绒棉服等；也可以从营销角度来分，如限时抢购商品、热卖推荐商品、最新上架商品等类别，来更好地引导用户消费。

（二）新闻管理

电子商务交易平台，同时也是一个信息平台，可以在该平台发布一切有利于平台企业形象、顾客服务以及促进销售的新闻内容，包括商品信息、促销信息、活动信息、导购信息等。因此，平台网站自身就能充当营销工具。当平台建成之后，合理组织对用户有价值的信息是宣传推广的首要任务。当企业有新品上市或开展阶段性促销活动时，也应充分发挥网站的信息发布功能，将有关新闻信息放置在首页醒目处，从而使网站的更新时间大大缩短，加快信息的传播速度，也吸引更多的长期用户，时刻保持网站的活力和影响力。

网站新闻管理系统，又称内容发布系统，是将网页上的某些需要经常变动的信息、类似新闻和业界动态等更新信息集中管理，并通过信息的某些共性进行分类，最后系统化、标准化地发布到网站上的一种网站应用程序。网站新闻管理系统广泛应用于各类电商平台，如淘宝网的淘宝头条，供销e家的供销快报。虽然由于每个平台的特性所呈现的新闻内容可能有所不同，但新闻管理系统的主要功能多为信息发布、信息更新、信息检索三个方面。

（三）广告管理

网络广告是电子商务交易平台进行网络推广的一个重要组成部分，网络广告效果的好坏会直接影响到平台商品的销售量。由于电商平台本身就具有营销工具的属性，所以在自身平台上投放广告是企业营销推广的常见手段。这里的广告管理也主要指在平台上投放的广告。

对于自建交易平台而言，在自己的平台发布广告，是企业最简单也最便捷的营销手段。一般的电商平台搭载的管理系统都有广告功能模块，如千牛工作台。管理员只需进入广告管理后台即可制作、发布多种广告的模式，例如首页伸缩广告、漂浮广告、弹出广告等。

对于第三方交易平台来说，由于平台独立于商品的提供者和需求者之外，只提供辅助性服务，其平台为入驻商家提供了收费广告服务，所以平台需要对商家广告进行监管，并且严厉打击发布虚假、违法广告的行为，保护消费者权益。很多第三方平台都有针对入驻商家发布的商品广告的管理机制，根据相关法律法规制定规范条例，研发自动检测和用户投诉功能，一旦发现违规广告，会自动下架商品并对商家进行处罚。

（四）订单管理

订单是客户与商家之间获取购物信息和联系电话及地址等信息的媒介。订单要承载的信息有客户信息、商品信息、支付信息等内容。

订单管理是电商网站后台管理系统重要的功能之一，也是网站销售业务能够正常运营的基础。订单管理还是售后服务的保障。当有订单出现问题，例如因商品发错、包裹遗失、商品损坏需要退换货时，以及消费者和卖家产生纠纷需要解决时，订单是唯一的判断依据。

为了实现电子商务平台的日常交易活动，网站后台必须及时响应客户订单，将订单信息录入数据库，并将处理后的订单信息反馈给客户。其原因有两点：从客户的角度，客户需要及时知道自己订单的状态，如该订单是否提交成功，商品是否已经发货，以及实时的物流信息等。从平台或网店管理的角度，相关人员需要知道目前订单的状态，如哪些订单没有处理，哪些订单应该发货，哪些订单已经交易完成等。这样方便进行订单整理和归档、统计平台和网店商品的销售情况。所以，完备高效的订单管理系统是电子商务交易平台能够正常运营的基础保障。

（五）会员管理

会员是电子商务平台的重要资源，凡是浏览网站并注册成会员的访客都是平台的潜在用户。为了给用户带来更好的购物体验，平台需要对会员进行管理。会员管理的主要内容是会员注册管理和会员体系管理。

1. 会员注册管理

会员注册管理的首要步骤是设定用户注册条款。注册条款通常由专业律师完成，主要内容有用户资格的审定、交易说明、商品说明、免责说明、个人隐私保护的声明等。具体内容可参照同类其他网站进行定制。

平台需要在首页设置会员登录、注册链接，引导游客注册平台会员。如果游客跳过注册会员步骤直接选购商品，则平台应在游客提交订单时提示需要完成会员注册后才能成功下单。

在用户完成注册后，平台还需要为用户提供设计友好的会员中心服务，使用户在前台页面可以实现用户资料管理、订单管理、收藏夹管理、收货地址管理等基本功能。

2. 会员体系管理

完成了会员注册管理之后，还需要进行会员级别设置，建立起一套完善的会员等级体系。平台需要将用户资源进行分类，如普通会员、高级会员、超级会员等，目的是实现用户的分层运营，将整个用户体系划分成一个金字塔结构，给高价值的用户提供更优质的服务。每个电商平台的会员体系分类和评价标准都不一样，这里以京东商城为例展开阐述。

京东商城的会员级别共分十级，具体为：注册会员、铁牌会员、铜牌会员、银牌会员、金牌会员、一钻会员、双钻会员、三钻会员、四钻会员、五钻会员。级别升降均由系统自动完成，无须申请。

会员级别的评价标准以年消费金额为基础，再辅以其他限定要求，如平台活跃度（登录、评价、晒单等）和用户自身素质（有无恶意退换货等）。在规定期限内未达到对应等级限定要求的用户会被自动降级。

会员权益主要涉及下单优惠、免运费门槛、VIP客服专线、生日礼包和售后或其他增值服务等。另外，用户可以消耗积分主动兑换优惠券等，权限也与会员体系挂钩。目的是通过利益奖励，引导用户行为，构建商品生态，培养用户忠诚度。

在电子商务越来越精细化、专业化的今天，电商平台的会员管理体系将会极大地影响用户的购买行为，企业在进行平台建设时要高度重视，最好将会员管理体系与企业原有的客户关系体制挂钩，或者学习同类平台成功的管理经验。

第三节　网店运营与管理

越来越多的人习惯于利用电子商务平台和网店来满足物质上的需求，网店之间的竞争也越来越激烈。如何运营好一家网店，使网店的经营者能更加轻松有效地管理网店，同时为店铺带来更多流量，这些都是网店运营和管理者需要思考的问题。本节主要介绍网店开设、网店运营以及网店管理的具体内容和方法。

一、网店开设

网店开设需要提前准备和规划，主要工作包括分析市场，选择和确定适合自己用于网上销售的商品，并且找好合适的供应商和物流公司。同时，还要对网店入驻的电商平台加以选择，并提前准备好相应平台要求的开店资料。简单来说，就是首先解决卖什么、在哪里卖的问题。

（一）网店规划

1. 商品的选择

选择具有良好市场和竞争力的商品，是网店成功的重要因素。近几年，随着网店数量的快速增长，商品类型也越来越多样化，因此找到行业蓝海和有市场潜力的商品对网店未来的发展至关重要。一般来说，在选择商品之前，要对用户群和行业行情进行定位和分析，然后根据分析结果最终确定合适的商品。

2. 平台的选择

在确定好商品的选择之后，下一步就要选择将要入驻的电商平台。经营者需根据实际需要来选择网上平台，如个人用户适合在淘宝网、易趣网等C2C平台开设店铺，商家、企业等既可以选择C2C平台，也可使用京东商城、天猫商城等B2C平台。

不同类型的平台，对入驻商家的要求也不相同。一般来说，淘宝网、易趣网等网络交易服务平台对开店成本、资质等要求较低，基本属于全民可选模式，只需使用有效证件进行注册和申请即可拥有自己的店铺。而天猫商城、京东商城等 B2C 网站，则对商家入驻要求较高，普通个体户不能申请。

（二）网店定位

在解决了卖什么和在哪里卖的基本问题后，就可以着手开展下一步的工作——网店定位。经营者应该对自己的店铺有明确的分析定位，而不是盲目地开展运营管理工作。

店铺分析定位是指对店铺选择经营的商品类型、商品用户群体、商品市场环境等各种因素进行分析，让经营者可以尽可能熟悉当前商品的市场行情，从而制定出更有效的店铺发展策略。

1. 市场定位

市场定位是网店分析中比较重要的一个步骤，市场定位不仅要对行业市场进行分析，还需对自己的商品和竞争对手进行分析。一般来说，分析商品主要是分析商品的优点和特色，了解自己的优势，选择最利于自己发展的商品定位，然后将优势作为推广重点，为店铺发展打好基础；分析竞争对手主要是了解竞争对手的优点，商品信息、数量、分布，营销策略等；最后，根据以上分析结果制定出适合自己店铺成长的策略。

2. 用户分析

目标用户群体是网店定位中非常重要的因素，商品必须拥有较稳定的用户群体，才能有更大的发展空间。同时，稳定性高的用户群体往往有相似的消费观念和消费行为，分析潜在的目标消费群体可以帮助经营者更好地进行商品定位。

3.形象确定

在对商品、市场、用户进行分析后,还需对店铺的形象进行合理规划。好的店铺形象可以突出自己的优势,让自己从市场竞争中脱颖而出。在树立店铺形象时,需对商品风格与店铺风格的统一性进行考虑,同时应该选择正确的经营策略,在商品质量和服务质量上打造出自己的特色。

(三)店铺装修

店铺装修是网上开店必不可少的一步,好的店铺装修不仅可以体现店铺风格,方便买家操作,还能获得买家的认同感和好印象,是店铺成功经营中非常重要的一个因素。

1.店铺基本设置

(1)店名。网络店铺主要分为个人店铺和企业店铺。一般来说,个人店铺名称的自由度比较高,但需遵循简洁、便于记忆、与商品相关等原则。企业店铺比较固定,通常与企业名称相同或相关。

(2)店标。店标是店铺的标志,代表店铺的形象。店标的设计需要凸显店铺或商品的特点,彰显店铺或商品的文化内涵。店标必须醒目、易于辨识,且具有一定的视觉冲击力,以便给买家留下深刻的印象。

(3)店铺简介。店铺简介中的内容会被平台搜索引擎抓取,即其中的关键词是可以被搜索的,能够在店铺搜索结果页面中显示。

2.店铺装修模块

完成了店铺的基本设置之后,就正式进入了店铺装修模块。店铺中的模块一般包括店招、首页导航、商品分类导航、图片轮播和其他模块等内容。

（1）店招。店招就是店铺招牌，位于店铺页面的最上方，一般用以宣传店铺，包括店铺的名称，也可放置少量文案和商品图片。

（2）首页导航。首页导航一般位于店招下方，主要用于对店铺的商品进行大致的分类，如服装类商店导航设置的"新品""上装""下装"等类目，通过首页导航可以帮助买家快速跳转到专门的分类页面。

（3）商品分类导航。商品分类导航是对商品进行细分的导航，主要用于方便买家精确找到所需的商品。当商品经营类目较丰富时，可以设置商品分类导航。

（4）图片轮播。图片轮播主要用于播放店铺中的商品图片，可以放置热销商品、新品、打折商品等。在店铺中添加图片轮播模块后，进入店铺主页即可自动放映所设置的图片。

（5）其他模块。淘宝网中提供了很多模块供商家选择，除了上述介绍的模块，还有宝贝推荐、宝贝排行榜、本店搜索等模块，可以根据实际需要进行添加和删除。

二、网店运营

随着电子商务的蓬勃发展，电子商务产业的体量越来越大，截至2017年，淘宝上的网店卖家数量已近千万家。电子商务市场竞争也越来越激烈，网店经营者在网店运营上的投入也越来越高，如何做好网店运营，是决定店铺流量和销量的关键性因素。

（一）店内运营

1. 店内推广

店内推广实际上是通过对店铺留言、商品推荐、友情链接等细节进行设置来加深买家的印象，方便买家的搜索和收藏，从而起到隐性的推广作用。一般包括回复买家评论、设置商品推荐、交换友情链接等内容。

2. 店内促销

店内促销是指店铺通过特价和优惠等形式刺激消费者购买商品的行为。策划促销活动的意义很多，如处理库存、提高销量、推销新品、提升品牌认知度和店铺竞争力等。常见的促销方式包括包邮、特价、赠送赠品和优惠券、限时抢购等。

在网店运营过程中，想要打造爆款商品、提升店铺销量，就离不开必要的网店促销活动，如何在控制成本的前提下达到更好的营销推广效果，是网店经营者努力的方向。

（二）站内运营

除了做好店铺内的运营工作，网店经营者还可以通过平台提供的运营商品和服务来推广或销售商品。以淘宝网为例，淘宝网就为入驻商家提供了直通车、钻展、聚划算等多种付费推广服务和营销活动，来帮助商家获取到更多的站内流量。

1. 直通车

"让你的宝贝在优选位置展现！"

淘宝直通车是淘宝网为卖家量身定制的一种推广方式，也是淘宝网卖家进行宣传推广的主要手段。直通车按点击付费，不仅可以精准推广商品，还能提高商品的曝光率，有效增加了店铺流量。

淘宝直通车的推广形式可以帮助卖家通过设置推广关键词来展示商品、获得流量，淘宝网通过直通车流量的点击数进行收费，其推广过程与搜索引擎的方法类似。

2. 钻展

钻展（钻石展位）是淘宝网提供的一种营销工具，主要依靠图片创意吸引买家的点击，从而获取巨大流量。钻展为淘宝网卖家提供了近200个淘宝网内优质展位，包括淘宝首页、内页频道页、门户、帮派、画报等多个淘宝站内广告位，每天拥有超过8亿的展现量，还可以帮助客户把广告投向站外，涵盖大型门户、垂直媒体、视频站、搜索引擎、中小媒体等各类媒体展位。

钻石展位按照流量竞价售卖，计费单位为CPM（Cost Per Mille，每千次浏览单价），按照出价从高到低进行展现。卖家可以根据群体（地域和人群）、访客、兴趣点三个维度设置定向展现。

钻展的商品有以下三个特点：

（1）范围广：覆盖全国80%的网上购物人群，每天超过15亿次展现机会。

（2）定向准：目标定向性强，可定向二十一类主流购物人群，直接生成订单。

（3）实时竞价：投放计划随时调整，并实时生效参与竞价。

3. 聚划算

淘宝聚划算是阿里巴巴集团旗下的团购网站。依托淘宝网巨大的消费群体，聚划算汇聚了数量庞大的用户流量，具有非常可观的营销效果。淘宝商家通过参加聚划算，可以实现超过店铺日销量数倍的营销数据，获得更多的收益。

聚划算活动形式主要包括商品团、品牌团、聚名品、聚新品、竞拍团五种类型，详情可参考聚划算介绍。

（三）站外运营

站内流量是网店卖家主要的流量渠道，除此之外，一些站外的运营推广手段同样也可以为店铺带来流量。

1. 微博运营

微博是一个公开的社交平台，而且用户数量非常大，通过微博可以达到实时发布商品信息和与粉丝互动的目的，因此，很多网店经营者选择微博作为推广平台，来推广自己的店铺和商品。

2. 微信运营

微信是一款即时通信软件，用户基础同样巨大。近几年，微信的普及程度越来越高，其强即时性和强用户黏性的特点使微信推广有了非常大的发展空间和可观的推广效果。其中，微信朋友圈和公众平台可以作为网店推广的两种主要方式。

三、网店管理

网店想要快速发展，系统、规范、高效的管理手段必不可少。卖家通常可以通过管理系统来更有效地管理自己的店铺，从而提升用户的购物体验和提高用户的忠诚度。网店管理系统可以直接对店铺的商品上下架、商品信息、订单发货、退款管理、关闭交易、买家评价等交易相关内容进行管理。常见的网店管理系统有富润ERP、千牛工作台以及各大电商平台为入驻商家提供的平台内部网店管理系统等，卖家可以利用这些管理系统来实现网店的商品管理、订单管理、客服管理等操作。

（一）商品管理

商品从设置到上架，再到完成交易的过程涉及诸多环节，为了更快、更高效地出售商品，卖家需要对商品进行各种管理。

1. 商品发布

商品发布之前一般要对商品的发布方式、类别、属性等基本信息进行设置，以淘宝平台为例，卖家在店铺中发布商品的流程一般包括四个步骤：第一步，进入淘宝网卖家中心页面，点击"发布宝贝"按钮。第二步，选择商品类别和发布方式。第三步，设置商品基本信息。第四步，发布完成，商品进入出售页面或保存在"仓库"中。

2. 商品上下架

商品的上下架也需要通过店铺管理系统进行管理，网店卖家的日常管理工作之一就是通过商品的上下架来及时更新、调整店铺内所出售的商品。下面继续以淘宝平台为例，介绍商品上下架的流程。

首先，商品的上架只需进入之前商品发布完成后，用来保存已编辑好商品的"仓库中的宝贝"页面，即可发现商品列表中的"上架"功能按钮，选择要上架的商品，点击"上架"功能按钮，即可完成商品上架的操作。

如果需要下架商品，则直接点击进入"出售中的宝贝"页面，选择要下架的商品，点击"下架"功能按钮，即可完成商品下架的操作。

（二）订单管理

买家在店铺中浏览商品并提交订单后，卖家在网店管理系统中即可查看订单信息，并且可以对订单进行管理。下面以千牛工作台为例，介绍订单管理的主要流程：

1. 订单信息修改

如果买家在提交订单后需要修改商品的价格、地址等信息，卖家可以通过千牛工作台实现。

第一步，选择网店所在电商平台，输入账号密码，登录千牛工作台。第二步，点击进入"已卖出的宝贝"页面，选择需要修改信息的订单。第三步，在"订单详情"页面中，对需要修改的各项信息进行编辑即可完成操作。

2. 订单发货

在订单信息确认无误后，卖家就需要对买家已完成付款的订单进行发货处理。卖家可以自行选择发货方式，等待快递公司上门取件或者是自己携带商品前往快递站点进行投递。若是无须发货的商品或同城交易商品，也可以在发货页面选择无须物流直接发货，即无须填写快递单号就能完成发货。

3. 退款处理

在商品交易过程中，当买家不需要已购买的商品，或由于某种原因需要退货或者退款时，一般会向卖家提出退款申请，买卖双方协商一致即可进行退款操作。

继续以淘宝网为例，进入卖家中心管理系统后台，在"已卖出的宝贝"页面中选择查看"退款中"的商品，即可对买家已发出退款申请的商品进行处理。

选择要处理退款的商品，可以查看退款商品的信息。如果同意退款，单击"同意退款申请"功能按钮，即可完成退款申请。若是拒绝退款申请，则在打开的页面中，卖家需要填写拒绝退款申请的理由，同时还可以申请客服介入，让淘宝官方介入处理。

（三）客服管理

客户服务是网店必须设置的一个岗位，大中型网店由于订单繁多、咨询量大、售后内容多，对客服的分工要求也更加严格，通常有一个专门的流程化的客服系统和模式。一般来说，客户服务可以分售前服务、售中服务、售后服务三种类型。

第四节 商品设计与视觉服务

在电子商务营销服务中，商品设计和视觉服务是不能被忽视的内容。这里的商品设计不是指对商品本身的加工和制作，而是通过优化商品的标题、描述详情和定价策略来提高商品的点击率和转化率。视觉服务的核心是信息的传递，用户在虚拟的网络店铺中购物，商家通过加强视觉的审美提升用户的兴趣，将商品信息更有效地传递给用户，是决定商品能否畅销的关键影响因素。

一、商品属性描述及其影响

由于在网上消费者看不到实际商品，卖家只能通过文字、图片或者视频来展示商品的属性，因此详尽而又有吸引力的描述显得至关重要。

优秀的商品属性描述，能将其卖点最大化地展示，最为直接的表现就是延长客户在商品页面的停留时间，从而提高使浏览量转化为成交量的可能性。

一般而言，对商品属性的展示包括两个方面：商品设计与视觉服务。商品设计包含商品的标题和关键词的优化、商品详情页的文案和页面布局以及商品的定价策略。视觉服务包含商品的拍摄技巧、图片处理以及类目优化。其作用是让顾客更加了解商品本身，让其从描述中感受到商品的特点和功效，提升商品的品质感。同时，增强页面的美化效果，也能取得消费者的好感与信任，从而引导和刺激其完成订单的交易。

二、商品描述设计

商品描述设计主要通过优化商品的标题、特征描述和定价三个方面来提升商品被搜索到的概率、延长用户浏览详情页的时间、提高订单转化率。

（一）商品标题

很多买家在网上购买商品时，都是通过搜索关键词来寻找目标商品的，因此商品标题与自然搜索流量密切相关，必须做好标题优化，尽可能地增加商品被搜索到的概率。一般来说，网络销售商品必须包含热门关键词，还要能够让买家通过标题一目了然地了解到商品的属性和特征。

1. 标题结构优化

商品标题优化最基本的前提是符合用户的搜索习惯，同时增加被搜索到的概率，所以卖家在拟定商品标题时，可以尽可能地组合各种与商品相符的热搜词。一般来说，商品标题结构主要包括核心关键词、属性关键词和热搜关键词三个部分。

（1）核心关键词。核心关键词是指商品的名称，其作用是可以使买家通过标题快速了解商品是什么，是否满足自己的需要。

（2）属性关键词。属性关键词是对商品属性的介绍，包括商品的材质、颜色、风格等，如"韩式黑色真皮女包"中，"女包"是核心关键词，"韩式黑色真皮"都是用于形容核心关键词的属性关键词。

（3）热搜关键词。热搜关键词指与商品相关的、买家搜索量高的词，主要用于对商品标题进行优化，增加被搜索的概率，如"新款特价女包"中的"新款特价"即属于优化商品标题的热搜关键词。

商品标题结构优化并不是一个独立的环节。实际上，为了达到更好的效果，商品标题应该与店铺活动、上下架时间、橱窗推荐等其他环节相配合，且标题不能一成不变，而是应该根据流量情况进行反复测试。

2. 关键词优化

网络店铺所售商品的标题多由买家热搜词组成。以淘宝平台为例，在淘宝网首页的搜索文本框中输入关键词后，在下拉列表中会显示与该关键词相关的一些词语，这些词语也是买家经常关注和使用的一些词语，可以作为卖家商品标题的选词范围。另外，淘宝平台还提供了选词助手工具来帮助卖家分析和选择热搜词，依靠选词助手，卖家可以清楚地了解当前类目中的买家热搜词，以及关键词搜索的热度、人气、点击量等数据，通过对数据的分析对比，即可确定自己商品的标题。

（1）确定核心关键词。对于核心关键词的确定要慎之又慎，确定核心关键词一般要遵循以下几个原则：关键词的搜索量、精准度、竞争度以及商业价值。对于中小企业网站以及个人网站，最好选择搜索次数较多、竞争程度相对较小的词作为网站搜索关键词，这样既能保证足够的搜索量，又兼顾了优化的可行性。

（2）组合属性关键词。买家在搜索商品时，为使搜索结果更精确，通常会在核心关键词前加上商品的属性关键词，如搜索"连衣裙"时，可能会输入"雪纺连衣裙""印花连衣裙""时尚连衣裙"等关键词进行搜索。为了迎合买家的搜索习惯，卖家在确定商品标题时，也需添加这些属性词。

在选择属性关键词时，可以结合选词助手的行业数据进行分析，选择适合自己店铺竞争情况的关键词进行合理的拆分和组合。核心关键词和部分属性关键词的竞争都比较激烈，如果店铺排名不具备优势，则建议卖家不要全部依靠这些关键词来引入流量，可在标题中设置一些长尾关键词，如"无袖拼接碎花连衣裙"等，这些长尾关键词搜索热度较低，但是对目标用户群定位更准确，竞争也更小。一般来说，低销量的店铺多用长尾词，中销量的店铺多用中频词，高销量的店铺多用竞争热门词。

（3）搭配热搜关键词。这里的热搜关键词不仅指买家经常搜索的词语，还指可以对商品进行形容和修饰的词语，如"2018年新款时尚拼接卫衣"等。

如果商品为知名品牌，也可以将品牌名加入标题中，这样可以更准确地定位到对品牌有忠诚度的目标消费人群。

（二）商品特征描述

当买家通过各种渠道进入网店查看商品时，主要是通过商品描述页了解商品的基本信息，因此商品描述页的质量好坏，会直接影响买家的购买行为和商品的销量。描述详情页的制作其实就是引导买家一步步深入了解商品的过程，好的详情页应该同时兼顾目标人群定位、商品展示、页面布局、加载速度、关联营销等多个方面。

1. 目标消费人群定位

很多数据分析工具都能对商品的目标消费人群进行分析，通过对买家性别、年龄等进行分析，找准描述详情页内容的定位，结合商品特征整理出完整的思路，选择最符合目标消费群体的内容。如某零食店分析出的目标消费人群多为年轻女性，即可针对年轻女性的性格特征设计与她们喜好相符的页面风格。需要注意的是，目标消费人群定位应尽量建立在数据分析的基础上，不要凭借主观臆断做决定，以免出现大的偏差。

2. 商品展示

商品展示是详情页的主体部分，也是买家非常关注的内容。一般来说，商品展示需要具备一定的逻辑性和规律性。

制作详情页的第一步是为了激发买家的兴趣，给予买家良好的视觉体验，通常可以使用商品的效果图、细节图等图片或吸引人的文案作为商品详情页第一屏的内容。为了吸引买家眼球，部分卖家也会在商品详情页中添加一些多媒体元素，但需要注意的是，过度美化、颜色杂乱、不合理的关联营销等不仅会影响页面的整体美观，而且很容易让买家反感，打消继续查看的欲望，反而得不偿失。

第二步应该向买家展示商品的卖点。一般来说，提取卖点的途径很多，可以从商品本身的特点进行提取，从商品使用环境中提取，也可以从商品对比中提取。但不论怎么提取，都应该以消费者的实际需求为基础，否则就无法达到吸引消费者的目的。

第三步需要展示商品的质量。质量是买家最关注的商品属性，质量好的商品可以提升买家的购买欲，以及买家的访问深度，提高商品转化率。质量的展示是多方面的，性能、工艺、材质等都属于商品质量。在展示商品质量时，应该注意展示方法，如在展示商品参数时，不要直接使用烦琐的文字和数据，最好是通过简单直白的图片搭配文案进行展示，一目了然。

在完整展示了商品的基本信息后，商家还需要进一步打消买家的顾虑，引导买家进行购买行为。证书、评价、售后服务、消费保障等都是进一步打消买家顾虑的有效方法。

3. 页面布局

页面布局是指详情页的整体布局效果，好的布局效果可以带给买家良好的视觉感受，还可以引导买家深入查看详情页信息。

（1）整体布局。详情页的整体布局应该遵循统一整洁的原则，即颜色统一、风格统一、版面整洁规范。同时，在内容安排上应该具备一定的逻辑性，如在挖掘商品痛点时，应该先列出买家关注的痛点，再提出解决方案，引导买家进行浏览。

（2）图片布局。网店商品详情页描述均是以图片为主，因此需要突出图片的表达效果。在布置图片时，尽量做到图片大小统一、颜色和谐。如果不熟悉图片布局的技巧，可以多参考一些销量较高的商品详情页的布局方式。

（3）文案搭配。虽然图片是网店商品详情页的主体，但文案也是其中必不可少的一部分。将文案与目标消费人群的喜好、详情页的风格等相结合，不仅可以起到进一步描述商品的作用，还可以使图片更加生动，实现商品的软营销。文案内容一般较少，且为了突出图片，文案不能覆盖图片本身，还要注意文字大小、字体和颜色的搭配。

（三）商品定价

对于网店商品而言，需要综合考虑多个方面的因素，包括市场环境、销售策略、经销路线和消费者心理等，技巧性的商品定价对转化率和销售额都会起到积极的影响。

1. 影响商品定价的因素

（1）市场环境。市场环境是对商品价格影响较持久的一种因素，消费环境、市场性质、商品更新等都会影响市场环境，市场环境的变化直接导致商品价格的变化，进而影响消费者的购买意愿和购买数量。很多卖家为了扩大市场会选择低价策略，造成商品之间的定价竞争。但是，不论是市场环境变化，还是同行竞争引起的价格变动，商品本身的质量都是商品定价的基本前提。

（2）销售策略。商品价格通常具有多样性，大部分商品的价格常年维持在一个平稳的区间，但也有部分商品的价格会随着销售环境的变化而变化。以电子商品为例，同一款商品，往往在推出初期时价格较高，然而随着时间的推移，价格会逐步降低。

（3）经销路线。商品从原厂到消费者手中，中间可能会经过一个或多个中间商，每一层中间商都会对商品进行新的定价，然而这种定价是建立在公平合理和符合市场环境的基础上的，涨幅不可过高。

（4）消费者心理。对消费者心理进行分析也是一种定价方式，如整数定价、尾数定价、折扣定价等都属于根据消费者心理进行的定价。

2.商品定价的技巧和方法

在不同情形中可对商品进行不同的定价，一般来说，整数定价、尾数定价等方法比较常用且适用范围较广，而数量折扣、现金折扣等方法，则可结合不同的销售策略进行使用。

（1）整数定价。整数定价适用于价格较高的一些商品，比如价值较高的艺术品，"50000""100000"等价格可以从侧面体现出商品的质量，提升商品形象。

（2）尾数定价。尾数定价是指采用零头结尾的方式对商品进行定价，常以"8""9"等数字作为尾数，保留尾数可以降低个位数价格，给人一种价格便宜的心理感觉。

（3）成本加成定价。成本加成定价是指在成本的基础上以相对稳定的加成率进行定价，采用该定价法定价的商品，其价格差距一般不会太大。

（4）数量折扣定价。数量折扣是指当买家购买的商品数量较多时，给予一定的优惠，如包邮、打折、满减等。

（5）现金折扣定价。现金折扣即降价处理或打折出售，在举办活动、促销、清仓、换季时，都可采用现金折扣的方式对商品进行定价。

三、视觉服务

视觉服务的主要内容包括商品拍摄、图片处理和类目优化等。

（一）商品拍摄

商品图片与商店橱窗中摆放的商品一样，在网店营销的过程中起着展示商品的作用，可以吸引买家进店查看和购买。对网上商店而言，清晰、美观的商品图片是吸引买家点击和购买的重要因素，因此要想拍出好看的商品图片，拍摄者除了要具备基本的拍摄知识，还可以使用一些小技巧来提升图片的美观度，如调整光影效果、合理利用景深、合理调整构图等。

（二）图片处理

当商品图片因拍摄等客观原因存在一定瑕疵时，就需要对其进行必要的处理；同时，为了吸引更多的买家点击和查看商品，也应该对图片进行适当美化。

通常在处理图片前，需要先选择一款适合自己使用的图片处理软件。提供图片处理功能的软件很多，比较常用的软件有PhotoShop、光影魔术手、美图秀秀等。其中，PhotoShop的功能比较强大，操作也较复杂，光影魔术手和美图秀秀的操作比较简单，卖家可根据实际情况来进行选择。

另外，在拍摄照片时，由于天气、环境、相机等客观因素的影响，图片可能会在色彩、质感、清晰度上存在一定瑕疵，这些瑕疵可以通过图片处理软件进行修复。但是在处理过程中应注重三点：优化图片效果、突出商品属性、打造自身品牌。

（三）类目优化

商品类目优化主要是指在商品的类目选择和设置上进行优化，并根据信息组织的原理，将商品的主题和分类友好地展示给买家，减少买家在浏览商品类目时理解和选择的难度，提升其购物体验，增加店铺和商品的流量。

第三章 电子商务物流服务运营管理

物流是促进电子商务交易的重要因素，同时也是电子商务发展的制约瓶颈。在电子商务活动中，对于少数商品和服务来说，可以直接通过网络传输的方式进行配送，如电子出版物等；而对于大多数商品和服务来说，配送还必须借助物流方式进行。如何建立现代物流体系，加快物流运转的速度和效率，使其与电子商务的发展相适应，已成为当前电子商务服务业实践的重要课题。本章主要讲述在电子商务背景下，物流的运营、配送、终端的网点布局，以及物流服务质量与成本之间的关系。

第一节 电子商务物流的运营模式与流程

电子商务的产生赋予了物流新的内涵，电子商务与物流相互促进、协同发展。电子商务企业的物流运营不仅需要选择合适的运营模式，还需要规划合理的运营流程。

一、物流与电子商务物流的含义

物流是一个发展的概念，20世纪80年代以来，随着经济的发展，社会分工更加细密，物流面临的经济环境已经发生了巨大变化，一方面是经济全球化的趋势越来越明显，另一方面是电子商务作为一种新型的贸易模式，对物流业提出了更高的要求。于是物流的概念也经历了几次发展。1984 年，美国物流管理协会正式将物流这个概念从 Physical Distribution（传统物流）改为 Logistics（物流），并将现代物流定义为"为了满足顾客的需求，将原材料、半成品、完成品以及相关的信息从发生地向消费者流动的过程，以及为使仓储能有效、低成本地进行而从事的计划、实施和控制行为"。后来美国物流管理协会又扩展了物流的内涵，将之修正为"物流是指为了符合顾客所需的必要条件，所发生的从生产地到销售地的物质、服务以及信息的流动过程，以及为使仓储能有效、低成本地进行而从事的计划、实施和控制行为"。

现代物流概念，是在物流业备受重视，并被作为继节约原材料的"第一利润源泉"和提高劳动生产率的"第二利润源泉"之后的"第三利润源泉"的背景下，随着物流业的现代化、网络化而形成的。我们认为，现代物流是以追求企业效益为目标，以现代化的手段与设备、先进的管理理论与运作方法，实现商品与服务的实体从供给者向需求者转移的经济活动过程。

关于电子商务物流，目前没有明确的定义。有人认为，电子商务物流就是电子物流，或者物流的电子化；也有人认为，它是电子商务活动中的物流。还有人认为，它是电子商务时期的物流；上述观点，都从不同的侧面强调了电子商务物流与其他物流的联系与不同。考察物流的形成与发展以及物流活动的本质，我们认为物流活动具有相对的独立性，其发展有着自身的规律，物流发展到现代阶段，不论哪一种物流形式，其宗旨都是以顾客服务为中心，提高顾客的满意度，并在此前提下全面降低企业的成本。电子商务物流实质上是指服务于电子商务的物流,由于物流的系统性、独立性,它既是电子商务中的物流,也是电子商务时期的物流。与其他物流不同的是,它更强调物流的电子化、第三方物流以及物流配送。

电子商务与现代物流之间,相互促进、共同提高。以快递物流为例,据统计,电子商务导致的快递物流的增加量占快递物流总量的90%左右。快递物流的发展完善了电子商务的流程,同时促进了电子商务交易模式的变革与创新。

二、电子商务物流的运营模式

(一)物流运营模式

选择合适的物流运营模式是电子商务物流体系完善的基本环节。具体来说,主要的可供选择的物流模式有企业自营物流、第三方物流、混合物流以及第四方物流等。

1. 企业自营物流

企业自营物流是指企业将自身所需要的物流活动由自己承担完成。企业自营物流的优势是可以让企业充分利用自己已有的资源,并使其物流战略同企业战略有效结合。物流企业已有的可利用的资源也正是选择自营的基本条件。但是企业自营物流必然会占用大量资金、设备、场地设施,此外还必须拥有专业的物流技术人员。

自营物流需要企业具有强大的物资条件,其成功在于规模化的订单和高效运作。因此自营物流模式并不适合所有电商企业,而只适用于那些规模较大、资金雄厚、物流在整体业务中战略地位重要、物流成本所占比重大、对物流服务要求较高的大型或超大型电商或制造型企业。时下京东商城、苏宁易购、阿里巴巴等大型电商企业都已逐步建立起自己的物流中心，它们既从事自营物流业务，也从事第三方物流业务。

2. 第三方物流

第三方物流是目前电商企业和个人网商选择最多的物流模式。一般认为第三方物流是外协或契约物流，它为客户提供商品运输、储存、配送以及增值服务。从事物品交易双方的部分或全部物流功能的外部服务提供者，即发展为第三方物流企业。目前我国比较知名的快递物流企业有中国邮政速递、顺丰速运、圆通速递、中通快递、申通快递、韵达快递、百世汇通等。

第三方物流是大多数中小电商提供配送服务的常用模式，电商企业把物流业务外包给第三方，自己把主要精力与资源集中在核心业务上，以减少物流成本，并且通过电子商务平台与第三方物流企业实现实时交流、互动，提高物流效率。

3. 混合物流

混合物流即企业的物流活动一部分由企业自己完成，一部分外包给第三方物流企业。选择混合物流模式，有以下原因：一是企业物流业务不多；二是第三方综合一体化物流服务水平不高。

在混合物流模式下，电子商务企业会通过自建大型仓储中心和配送中心，并与第三方物流公司合作，将其最后环节的物流配送业务委托给第三方物流公司完成，共同实现对消费者的物流服务。比如FBA（Fulfillment By Amazon）混合物流服务是宁波网优达供应链管理有限公司为所有亚马逊卖家推出的

FBA入仓服务，包含海运整箱、海运拼箱、空运集拼、海外仓服务等。无忧达FBA混合物流专线比传统物流企业平均降低了15%的运输成本，能帮助卖家提高产品的价格竞争力，获取更多的流量。

4.第四方物流

目前第三方物流节约物流成本、提高物流效率的功能已被众多企业认可。但是，其在整合社会所有的物流资源以打通物流瓶颈、达到最大效率方面也存在一定不足。从区域整体来说，第三方物流企业各自为政，很难达到最优，难以打通经济发展中的物流瓶颈。因此，第四方物流便应运而生。

第四方物流的首要倡议者是安盛咨询公司。安盛咨询公司曾注册了该术语的商标，并将其定义为"一个调配和管理组织自身的及具有互补性服务提供商的资源、能力与技术，来提供全面的供应链解决方案的供应链集成商"。第四方物流作为中心，将第三方物流和技术服务供应商结合起来，充当了管理和指导多个第三方物流的角色。也就是说，第四方物流是在第三方物流的基础上对管理和技术等物流资源进一步整合，为客户提供全面意义上的供应链物流解决方案。

第四方物流同第三方物流相比，其服务的内容更多，覆盖的地区更广，对从事货运物流服务的企业要求更高，它们必须开拓新的服务领域，提供更多的增值服务。第四方物流最大的优越性，是它能保证产品更快、更好、更廉价地送到需求者手中。

（二）物流运营主体

根据电子商务运营主体的不同，可以将电子商务运营方式分为个人网商和企业网商，其中企业网商又可以分为一般企业网商和大型企业网商。个人网商是由个人运营，比如淘宝网上的个人店铺；企业网商则由企业负责运营，像淘宝网上经过认证的企业店铺属于一般企业网商，而像京东商城、苏宁易购、当当网等则属于大型企业网商。

由于不同网商的经营规模不同，因此在物流运营体系上也存在较大的区别。

三、电子商务物流运营流程

在电子商务物流运营过程中，整个物流流程应当由电子商务运营主体和物流公司来共同完成，一般需经过商品采购、仓储、打包、发货、多段运输、最终派送等环节之后，最终才能将商品送达消费者手中。

（一）电商企业或网商负责的物流环节

在电子商务全流程中，电商企业需要负责的物流环节，包括采购、仓储管理、打包与发货等从采购到交付快递公司之前的一系列物流活动。

1. 采购

一个电子商务企业或个人网商首先必须保证能够为消费者提供其所需的商品或服务，而这些商品或服务通常需要通过采购获得。采购是一个组织从外部资源处获取所需要的全部商品或服务的过程，其目标是力求用最小的总采购成本获得所需的商品或服务。采购既包括商品的采购，比如苏宁易购会在采购大量现成商品后进行直接销售；也包括原材料的采购，比如淘宝网上的手工艺品店，通常是对采购的原材料进行操作加工后才能形成在售的商品。

2. 仓储管理

京东物流大件和中小件网络已实现大陆行政区县 100% 覆盖，90% 以上的订单 24 小时送达，在将商品流通成本降低了 70% 的同时，将物流的运营效率提升了 2 倍以上。可见，仓储对提高物流效率具有关键影响，电商企业或个人网商采购的商品并不能马上全部出售给消费者，它需要被储存起来，当有新订单时才不会频繁地处于缺货状态，从而保证业务的正常运行。仓储活动发生在仓库等特定场所，是对有形物品提供存放场所，实现物品存取、保管和控制的过程。确保合理的库存数量是降低成本、提高运营效率的关键。

3. 打包与发货

商品打包和发货是指网商在收到客户订单之后，运营人员根据顾客的订单将对应商品进行分拣、包装、递交快递公司等的过程。其主要流程包括以下几个步骤：

（1）订单终审与打单。在顾客下单之后，店铺需要根据订单详情确定下单涉及的商品种类、数量，并确认是否有货。在终审订单确认无误后打单员打印发货单。

（2）货物分拣和配货。根据订单的商品类别、规格、库位等信息进行分拣，保证商品发出的包裹与顾客购买的商品一致。配货员在拿到发货单后，根据发货单上面的信息进入仓库配货。配货可以按照先进先出原则，采用"摘果法"或"播种法"进行。

（3）商品打包。一般商品入库前已经完成了包装工作，其主要目的是保护和美化商品，促进销售。但在发货时还需要进行二次包装，其目的是保证在运输过程中更好地保护商品，避免给买卖双方造成损失。

（4）快递交接。若是自营快递模式，则将打包后的商品交付快递运输部门；若是第三方快递模式，则需要将商品交付快递公司，委托其代为运输及配送。

电子商务企业完成以上流程后，还需要提供商品后续的信息查询及售后服务，而以下实体作业流程将转由物流快递公司完成。

（二）快递公司负责的物流环节

1. 收件与分拣

在快递公司收到网商的委托之后，一般由快递员上门取件或在店收取寄件。快递网点在收到包裹之后，会由快递人员或收件人员通过扫描物流详情单录入快递信息。快递信息既是分拣依据，也是收件人和寄件人查询快递配送状态的依据。分拣人员根据物流详情单统一分拣，之后根据收货地来分区域对快件进行装车，再发往大型分拨中心。

2. 商品运输

装车之后，即开始对商品进行运输配送。无论是何种配送模式，运输都是必不可少的环节。运输分为干线运输和支线运输。包裹通过分拣和装车之后，经过干线运输，被送到目标城市的分拨中心，之后再进行下一级的配送。干线运输是指利用道路的主干线路、航空线路以及远洋运输的固定航线进行大批量、长距离的运输，一般只负责省级或大区级物流节点间的整车往来，其两点之间的运输线路一般是统一固定的。商品从发货地抵达大型物流集散中心后，干线运输后的配送运输则由支线运输负责。

3. 商品派送

商品在到达目的地大型区域物流集散中心后，则进入派送环节。商品派送包括商品分拨、派送运输和终端配送等流程。因为派送面对的用户多而分散，所以需要精心规划派送路线和人员安排。一般来说，在电子商务交易过程中（在不涉及退货物流的情况下），消费者最终从派送人员或终端网点领取所购商品后，整个物流配送过程就完成了。

在物流运作全过程中，物流作业服务是电子商务物流最基础的服务，体现为物品的物理运动。除此之外，电商和快递公司还需要为顾客提供物流信息查询、认证等物流信息服务，以及在物流作业服务与信息服务的基础上，根据用户需求，为用户带来价值增值的物流服务，包括金融服务、咨询服务等。

第二节 电子商务物流配送

配送是物流活动中具有集成性质的活动，配送作业一般由配送中心和快递物流网点完成，其中配送中心又包括区域分拨中心和快递配送中心。随着电子商务的发展，跨境电商逐渐兴起，对跨境物流的配送提出了新的要求。本节在探讨物流配送的基础上，也专门探讨跨境物流配送问题。

一、配送的含义、特点及作用

（一）配送的含义

配送是对一定范围内的客户进行的多客户、多品种、按时联合送货的活动。

从物流活动来看，配送可以被认为包含了物流的全部职能，是物流活动的缩影或在特定范围内物流的全部活动的体现。一般来讲，配送是集物流活动中的包装、装卸搬运、保管、运输于一身，通过一系列的作业活动，完成将货物送达的过程。配送在电子商务交易中发挥着至关重要的作用，商品必须经过配送环节才能由商家转移到消费者手中，从而完成电子商务交易活动。因此，在电子商务物流运作中，可以将配送的概念描述为："配送是按电子商务交易双方的要求，以现代送货方式，在物流中心或其他物流据点进行货物的运输、储存、分拣等，并将其以合理的方式送交客户，辅助商品交易完成的经济活动。"

（二）配送的特点

配送是物流系统中短距离的运输，一般来说，配送具有如下特点：

1. 配送的距离一般较短，通常位于物流系统的最末端，处于支线运输、二次运输或末端运输的位置，即送达到最终消费者的物流。

2. 在配送过程中，也包含着其他的物流功能（如装卸、储存、包装等），是多种功能的组合。

3. 配送是物流系统的一个缩影，也可以说是一个小范围的物流系统。

（三）配送的作用

1. 有利于物流活动合理化

配送能够把流通推向专业化、社会化，并且能以其特有的运动形态和优势调整流通结构，使物流活动达到规模效应，并以规模优势达到降低运输成本、减少车辆空驶、提高运输效益等目的。

2. 提高终端物流的效益

采用配送方式，通过增大经济批量实现进货的经济性，又通过集中用户需求、统一发货实现发货的经济性，使终端物流经济效益得到提高。

3. 配送为电子商务的发展提供基础和条件

物流配送服务于商流。在商流活动中，从签订购销合同起，商品所有权便由供方转移到买方，而商品实体并没有发生移动。在传统的交易过程中，除了期货交易，一般的商流都伴随着相应的物流活动，即按照买方的要求将商品货物由供方以适当的方式、合理的路径及准确的时间向买方转移，完成商品货物的物流过程。在电子商务条件下，买方通过网络可以较快地实现商品的商流活动，但只有当商品或服务真正到达买方手中时，商品货物的交易活动才算真正结束。

4. 物流配送是实现电子商务优势的关键

网上购物虽然方便快捷，可以减少流通环节，但是唯一不能减少的是货物的配送环节。配送服务如不能满足用户要求，则网上购物就不能发挥其方便快捷的优势。电子商务通过快捷、高效的信息处理手段可以比较容易地解决信息流、商流和资金流的问题，而将商品及时地配送到用户手中则需要物流系统的支持，因此，物流配送系统的效率高低是电子商务成功与否的关键，而物流配送效率的高低很大程度上取决于物流配送现代化的水平。

5. 物流配送促进了电子商务良性发展

客户对物流要求的提高，直接体现在电商平台对物流系统的重视。京东商城的优势就在于其较早地开始了物流线的布局，当阿里巴巴等企业要进入物流行业的时候，京东商城已经具有自己完善的自营配送体系，建成了覆盖全国大部分地区的物流网络，形成较强的竞争优势。因此，物流配送的好坏，也会直接影响到电子商务平台的发展。

二、物流配送中心

（一）配送中心的概念与分类

物流配送中心是以组织配送性销售或供应、执行实物配送为主要职能的流通型节点。配送中心为了做好送货的编组准备，必然需要进行零星集货、批量进货和对货物进行分整、配备等工作，因此它也具有集货中心、分货中心的职能。为了更有效、更高水平地配送，配送中心往往还有比较强的流通加工能力。此外，配送中心还必须执行货物配备后送达到户的使命，因此，配送中心实际上是集货中心、分货中心、加工中心功能的综合，并具备配与送的功能。

可以将配送中心定义为："提供利用现代通信技术和计算机技术所进行的配送活动的物流节点，包括从供应者手中接收多种大量的货物，进行倒装、分类、保管、流通加工和情报处理等作业，然后按照众多客户的订货要求备齐货物，以客户满意的服务水平进行配送的基础设施和作业装备的集合。"

在电子商务物流中，配送中心一般分为两类：一类是城市或区域的大型分拨中心，负责整个区域范围内快件的分拣、入库、查验、集装、发运等工作。另一类是小型的快递配送中心，主要负责小范围的快递收取和配送服务。前者是快递网络中的重要节点，它一方面通过运输将发往其他地区的快递集中到一起，按照目的地进行分类和集装；另一方面又把接收到的来自全国其他地区的快件进行分类,并发往下一级配送中心。后者是分拨中心与终端网点的结合点,快递业务员从终端网点收取的快件,将通过快递配送中心集中运输到分拨中心,而从分拨中心运输来的快件,也将通过配送中心送到各个终端网点处。

(二)物流分拨中心

电子商务物流分拨中心是在传统的仓库、运输企业的基础上发展而来的,是专门服务于电子商务的商品运输、配送而设立的重要节点。

1. 分拨中心的功能

(1)货物分拣

分拣是快件的集散方式,是指在固定的时间和地点内,将运输来的快件集中到一起,按照目的地进行分类的过程。为了能够实施高效的配送,分拨中心必须通过适当的方式对大量的货物进行高效率、低差错的分拣,并按照运输和配送计划对货物进行配装。由于现代分拨中心配送商品种类繁多、规格复杂,为了能迅速、准确地把商品交到顾客手中,分拣就成了一项关键作业,分拣的效率对物流整体的配送效率有着重要影响。

(2)储存功能

在接收到大量快件之后,为了降低配送成本、实现整车运输,分拨中心需要制订配送计划,将少量快件进行储存,在达到一定的数量后,再协调配送车辆进行配送。为了保证正常的配送工作、满足顾客的配送需求,分拨中心的储存有储备和暂存两种形式。储备物资通常数量大、结构完善、品种齐全、存放时间较长;暂存物资则是对货物的暂时存放,数量少。

（3）集散功能

分拨中心会把运来的货物集中在一起，通过分拣、储存、配装，将发往同一个地区的货物进行集中，然后再向目标地发运。

（4）流通加工功能

流通加工是指为了促进销售、维护商品质量以及提高物流效率，对某些商品进行一定程度的加工。典型的流通加工作业有拆包分装、开箱拆零、组装、贴标签等。一些特殊的商品可能有特殊的流通加工作业，如农产品深加工。

（5）配送功能

配送是指将货物运送给客户的活动。配送作业是配送中心全部工作的落脚点，其他环节都是围绕配送展开的。配送通常包括装配和配送运输两方面，装配是把一定的多品种货物从分拨中心装上货车，配送运输是把货物从分拨中心运输送至下一级配送中心。和一般送货不同的是，配装送货可以大大地提高送货水平、降低送货成本。

（6）信息处理功能

随着信息时代的到来，信息处理变得越来越重要。作为集物流各项功能于一身的组织机构，各种配送中心都需要建立高效、灵敏、现代化的信息处理系统，为整个流通过程的决策与控制提供依据，并能使配送中心有条不紊地连续运行。同时，配送中心还要与商家和顾客保持良好的信息交流，这既有利于企业组织货源，也有利于将货物信息及时地反馈给商家、顾客，提高服务水平，促进合作。

2.分拨中心的作业流程

分拨中心的主要作业包括到站接收、入库、查验、扫描分拣、集装、发运等流程，一些分拨中心还具有仓储、返退货处理等作业，但主要的作业流程大致相同，只是一些具体的操作环节的要求有差异。

（三）快递配送中心

快递配送中心是直接面对终端物流网点和消费者的物流中心，和分拨中心类似，它也具有分拣、储存、配送等基本功能，不同的是快递配送中心的体积通常较小，配送范围仅限于周围的小片区域，其分拣和储存作业也没有分拨中心复杂。它所负责的配送环节是用户接受快递服务全过程的末端，也是快递物流企业吸引用户和招揽业务的窗口，所以，快递配送中心的作业效率与服务水平直接影响到快递企业最后配送质量的好坏，甚至影响到快递企业的生存与发展。

三、跨境物流配送

（一）跨境物流的含义

跨境电商物流就是当电子商务的交易发生在不同国家和地区时，为了克服生产和消费之间的空间隔离和时间距离，对商品进行跨境移动的一项国际贸易活动。

近两年来，我国跨境电子商务保持着强劲的增长势头，跨境网络零售额增长迅速。同时，政府出台多项政策，跨境电商监管模式不断优化。随着国内消费结构的升级，跨境电商已经开始向年轻人群和二三线城市渗透。

跨境电商的增长必然导致对跨境物流需求的增加。据了解，我国跨境电商中有65%的卖家在使用第三方海外仓，巨大的市场需求驱动让海外仓发展快马加鞭。同时，万邑通等海外仓巨头不断扩仓，万达物流、华运物流等贸易物流大佬转型，顺丰（东欧仓/中欧仓）等国内快递巨头进军海外、中小仓库之间抱团发展以及公共海外仓的发展等因素，让海外仓的平均单仓面积从2016年的2343平方米大幅地增长到2017年的5549平方米。

（二）跨境物流的运营模式

目前，跨境电商物流主要有以下五种模式：

1. 邮政包裹模式

这是目前最普遍的模式。据不完全统计，中国跨境电商出口业务70%的包裹都通过邮政系统投递，其中中国邮政占据50%左右的份额。虽然邮政网络基本覆盖全球，但在配送过程中仍然存在诸如运输时间长、丢包率高等问题。

2. 国际快递模式

主要是一些大型国际快递商通过自建的全球网络，利用强大的IT系统和遍布世界各地的本地化服务，为网购中国产品的海外用户提供的物流服务。但是由于其价格昂贵，中国的商户只有在客户时效性要求很强的情况下，才使用国际商业快递来派送商品。

3. 海外仓和边境仓模式

海外仓是卖家先将货物存储到海外仓库，然后根据订单情况进行分拣、包装以及规模化递送。边境仓是将货物通过国际运输先存放于出口国的边境保税区或自贸区，等待客户下单，然后进行分拣、包装和配送。海外仓和边境仓能很好地解决邮政小包的配送周期漫长和国际快递的成本高昂等问题，但也存在货物积压、运维成本高等缺点，适合这种模式的商品大多是一些快消品。

4. 跨境专线物流模式

一般是通过航空包舱方式将货物运输到国外，再通过合作公司进行国外的派送。这种方式通过规模效应降低成本，但在国内的揽收范围相对有限，覆盖地区还有待扩大。

5. 国内快递的国际化服务

主要是指中国邮政、顺丰和"四通一达"（申通快递、圆通快递、中通快递、汇通快递、韵达快递）在国际领域提供的服务。其中，除了中国邮政，其他几家公司都在海外业务中有所布局，但是由于跨境的复杂性，网点覆盖比较有限。

（三）跨境物流配送存在的问题及优化

目前跨境物流的发展存在许多突出的问题，主要表现在以下5个方面：

（1）配送时间长，通常需要一周以上，甚至一个多月才能送达。

（2）物流成本高，一般成本为境内物流成本的数倍。

（3）所需环节多，经过多次转运，包裹丢失、被卡在海关等问题经常发生。

（4）退货成本高，手续烦琐，时间长。

（5）售后服务难，双方交易处在不同监管环境下，售后服务维权存在较多壁垒。

以上问题严重影响了人们跨境购物的体验。企业应该从缩短配送时效、降低运营成本、提高服务质量三个方面入手，采取有效的业务优化措施。

第一，缩短配送时效。采用先进的运输方式，改进运输路线，提高境内外仓储作业效率，加快境内外仓储周转时间等。

第二，降低运营成本。通过扩大业务量发挥规模效应、降低单位物流成本，通过技术手段增加投入／产出比等降低运输费用，通过提高仓储出入库作业效率和加速库存周转来降低库存费用。

第三，提高服务质量。通过改进商品包装、选择最优承运商、改善运输方式以及设置海外仓等方法及时处理退换货等业务。

第三节　电子商务物流终端网点布局

自2017年5月以来，全国快递企业日均快递业务量超过1亿件，这标志着我国已经从常态化进入单日快递"亿件时代"。然而，作为快递服务的关键一环，传统的投递方式越来越难以满足人民日益增长的美好生活需要，配送延误、破损、丢件、信息泄露等问题频发，终端网点的布局问题亟待解决。物流企业如果要提高服务质量，就必然会增加高额的成本；如果想要以低成本发展终端网点，那么服务质量就可能会大打折扣。所以，到底以什么方式来发展终端网点，企业需要从战略的角度深思熟虑。

一、物流终端网点概述

（一）物流终端网点的含义及现状

终端物流又称末端物流，大体指包裹从最后一个物流服务商（配送网点）直至消费者手中的这个阶段的物流活动。一般来说，在电子商务交易过程中，消费者最终会从终端配送网点处得到所需的商品，这是整个物流配送的最后一步。通过终端物流配送环节，企业能直接了解客户需求，积累消费数据，这也是争夺客户的关键所在。因此，终端物流网点建设受到各方公司的重视，他们正在尝试多种模式和解决方案，逐渐完善终端物流网点的布局和服务水平。

（二）终端物流存在的问题

国家邮政局发布的快递发展和服务质量核心数据显示，2018 年第二季度我国快递服务公众满意度得分为 78.1 分，同比上升 1 分，同时快递服务质量指数比上年同期提高 70.3%，表明我国快递服务质量正在稳步提升。尽管如此，我国快递行业仍然存在许多问题，特别是在终端配送阶段。目前，包裹投递最普遍的方式仍然是快递员上门交付给消费者，由于配送过程中可能遇到的各种阻碍，"最后一公里"的交付过程往往不能顺利完成。

1. 终端网点安家难、盈利难

快递企业在城市中找到稳定的服务点正变得越来越困难。电子商务的发展使物流需求越来越大，但是在一些城市却出现了快递网点越来越少的现象。由于工作性质原因，许多快递网点被民众投诉扰民而不得不往城市外围搬迁，快递员的送件范围从原先的两三千米，变成十几千米甚至几十千米。

另外，终端网点普遍存在着盈利难的问题。持续的低价竞争和成本上涨，特别是用地成本、设施设备成本和人力成本上涨，使终端网点的盈利水平持续压缩甚至亏损，对终端配送服务质量造成很大的消极影响。

2. 社区、校园、农村等场景投递难

在一些大型居住区、商业区及机关企事业单位等综合办公区，人员密集、交通繁忙，快递服务需求旺盛、个性化需求突出，对快递终端投递服务能力提出了新的要求。同时，在校园里也普遍存在投递难的问题。有调查结果显示，可以收到上门快递的在校生仅占6.74%，大多数学生只能去快递分发点或校外领取，校园快递流通的"最后一公里"也亟待解决。另外，传统快递行业在农村区域的配送，主要形式是在镇级政府所在地开设驻点，要求用户自行解决从村到驻点的交通往返，规避下一级物流下沉的成本问题。这样一来，农村用户就必须耗费额外的时间去自行取件，从而严重削弱了电子商务的便捷性。

3. 终端快递员流动大、雇用难

由于物流快递行业工作强度高、工资低，第三方物流快递员等员工工作不稳定，人员流动性较强，行业"用人荒"现象严重，这给终端配送时效和服务品质造成了严重影响。

4. 消费者体验满意度不高，规范管理难

由于准入门槛低且多为第三方加盟模式，终端网点的从业人员专业化程度低，服务态度意识薄弱。更因为缺乏有效的监管和奖惩措施，快件丢失、损毁、延误严重，造成客户满意度降低的不良影响。此外，由于从业人员流动大，很难集中进行专业化培训，如何对人员规范管理也是一大难题。

5. 配送路线不合理

合理规划配送路线是保证配送速度的关键。然而，许多快递企业往往不能设计完善的配送路线，快递员大多根据经验进行配送，随意性较大，快件配送效率受到较大影响。在快递业务量不断增加的同时，消费者的投诉量也在逐渐上升。

（三）终端网点发展模式

参考国外的物流配送实践，解决终端物流配送难题主要存在三种模式：一是共同配送模式，即由若干家配送企业联合起来，对某一地区的用户进行集中配送，此种模式可以大大节省社会资源。二是与便利店合作模式，即企业在便利店设置取货网点等，与便利店形成终端物流合作。日本、英国等国家的很多企业采用这种方式。三是自设终端物流中心模式，即不依赖于其他机构，企业自身广泛建立终端物流中心。这种模式的典型代表就是亚马逊公司，其在美国已经建立近10座巨型物流中心，覆盖了美国主要人口聚集城市，保障了终端配送的即时性，对31%的美国用户可实现当日送达。

我国的终端物流建设近年来也取得了非常大的发展。越来越多的大型电商企业和物流企业开始重视终端物流体系建设，例如京东、顺丰、菜鸟网络等企业通过在社区建立服务站、安装智能自提柜、使用最新的配送技术（如无人机配送）等方式构建终端物流配送体系。还有一些创业型公司开始组建独立的终端物流服务，与各家物流公司对接，尝试采用第三方共同配送的方式。

二、城市网点布局

得益于便利的交通设施和大量的常住人口，电子商务物流在我国城市里发展迅速。近年来，我国城市快递量占到全国收发量的四分之三以上。目前，城市中主要形成了两种主流的配送模式：一是从物流配送中心到社区物流网点的配送体系，二是共同配送模式。

（一）物流配送中心——社区物流网点

城市一般具有较大的物流量，且对物流配送的要求较高。物流企业在各个城市建有物流分拨中心，分拨中心凭借其特殊的地理位置和各种先进设备与手段，将来自各个地区的商品集中在一起，经过分拣、配装后运输到下一级配送中心，最后由快递人员将包裹配送至城市的各级网点或街道、社区。城市分拨中心的处理能力是一家物流公司业务水平的体现，一般来说，物流公司越大则业务量越多，分拨中心的数量越多则处理能力也越强。

城市社区物流是将商品从物流分拨中心运送到社区店铺或居民手中的终端物流形式，是城市物流中真正的"最后一公里"。目前，在社区中形成的物流网点模式主要有自建物流网点、委托代收和自建智能快递柜等形式。

1. 自建物流网点

自建物流网点是指物流企业在某个小区内通过租赁或购买的方式，自己建立社区物流网点来实现周边范围内配送的一种方式。自建物流网点主要有两种形式。一是在社区内自建本物流企业的配送网点，然后通知周边客户自提，采用这种方式的社区往往是快递量大的社区。二是建立多功能的综合体验式物流网点。它不同于传统物流网点只具有收货和发货的功能，还兼有为顾客提供有偿的生活服务等功能，从而保证了快递量较少的情况下也能获得正常的收益。顺丰嘿客就是一个很好的例子，客户不仅能在嘿客实现最基本的快递收取与寄送，还能在嘿客实现衣服干洗、话费充值、订购机票等和生活息息相关的服务。虽然这种模式在前期需要较大的资金投入，但是从长远来看，它能够培养用户黏性，帮助物流企业在"最后一公里"配送领域获取先机。

2. 委托代收

相对来说，自建物流网点的模式更加适用于资金实力较强的物流企业，而且要以该网点覆盖范围内有较大的业务量为基础，以便分摊前期投入。但是，有时自建社区物流网点的租金成本超过了企业能够实现盈亏平衡的平衡点，或者某社区的业务量较少，此时自建社区物流网点就没有意义，而委托代收模式则会是一个好的选择。

委托代收是指与社区内的便利店或小区门卫合作，将该小区内的快递由他们代为签收，然后通知客户前去领取的一种模式。此种方式可以避免二次配送带来的高额成本。但是，此种方式可能导致客户隐私信息的暴露、验收时货物出现质量问题而分不清责任方等问题，从而影响到物流企业的服务质量。所以，在选择这种快递模式前，需要仔细权衡。

3. 智能快递柜

凭借时间配置灵活、效率高、成本低以及安全性高等优点，智能快递柜近年来受到市场的大力追捧。智能快递柜是能够对快件进行识别、暂存、监控和管理的设备。快递员将快递件送达指定地点后，只需将其存入快递柜，系统便自动为用户发送一条短信，包括取件地址和验证码，用户在方便的时间前去取件即可。这种基于公共智能储物柜的终端网点形式能够在时间上为终端客户和配送人员提供极大的便利，同时还可避免投递失败，有利于降低配送成本。目前，已有菜鸟网络、京东物流、苏宁易购、丰巢、中集e栈、速递易、日日顺乐家等企业相继投放了快递柜。

（二）共同配送

共同配送是指在某一个地域内，由几家物流公司共同成立物流网点，对周边的区域进行统一配送的模式。当物流企业在某地域范围内的业务员不是很多的时候，自建物流网点投入的成本就难以收回。此时，物流企业可以选择与其他物流企业合作，在该区域共同建立一个社区物流网点来进行协同配送。此种方式可以由多家物流企业分摊房屋的租金成本，并且不会出现委托代收导致的签收风险问题。比如，小麦公社就已经在许多高校建立了整合其他快递公司的社区物流网点，其中包括了韵达快递、中通快递、圆通快递和天天快递等。各快递公司分摊租金成本，由小麦公社负责安排工作人员以及联系客户自取快递。对于物流企业来说，在节约了成本的同时，又保证了服务质量，提高了顾客满意度。如今，小麦公社虽然已经退市，但是这种模式却被传承下来，在许多高校继续使用。

总的来说，我国城市中的物流终端网点建设已经相对成熟，各种网点模式也都已经被物流企业采用。然而，随着电子商务交易额的逐渐提高，物流企业在终端网点面对的快递压力也在增加，未来是否会涌现更先进、更智能化的网点配送模式，值得我们持续去关注。

三、农村网点布局——县、镇、村三级物流体系

由于地理因素等原因,我国农村物流尤其是终端配送发展缓慢。作为农村物流中的"最后一公里",农村终端配送是最贴近农村消费者的物流环节,它可感知消费者的需求及其变化,是农村地区物流和信息流接受和发布的关键环节,也是电商开拓农村市场的最大瓶颈。

目前农村电商物流企业自成体系,从城市一直延伸到基层的乡镇、村,由于农村订单量太小,且用户过于分散,难以实现规模效应,因此农村电商要达到"工业品下乡,农产品进城"的双渠道目的,就必须在农村与城市之间建立畅通的物流体系,并且降低物流成本,实现从纵向一体化到区域整合的转变。

县、镇、村三级物流体系是以县级农村物流配送中心为中枢,以镇级农村物流综合服务站为支点,以村级物流综合服务点为终端,进行统一的配送服务。

(一)县域物流中心

县域物流中心作为整个三级体系的中心枢纽,通过建造商品中转集散中心并借助较完善的交通设施,负责整个县域的物流活动。县域物流中心一般具备信息整合发布、运力统筹调配、货物定向配送、综合协调服务等功能,通过利用农村现行的电子商务产业园、物流快递企业等资源,加强与菜鸟物流等第四方快递物流公司的合作,优化物流业务流程,共享物流资源,实现货物储存、分拣、分拨、运输、配送的一体化,达到节约物流资源、降低物流成本、提高

物流配送效率、提高物流服务质量的目的。

（二）乡镇运营服务中心

乡镇运营服务中心是县与村之间的中转点。经过中转，从县级物流中心发过来的包裹将被配送到广大乡村的各个服务站点，而从乡村寄出去的包裹也将从这里转到县级仓库，进而发到全国其他地区。镇级物流站点以现在的众多乡级网点为基础，升级改造多家乡镇级物流配送站，承接电子商务农村共同配送主体送到乡镇的快递包裹，实现快递包裹仓储、自提、进村分拨的功能。

（三）村级物流站点

充分利用现有的供销社农资服务网点、邮政系统村级投递点、农村邮政网点、村民活动中心等资源，整合或新建村级电商物流配送点，为农村电子商务提供仓储、自提和送货上门等服务。

另外，各镇级和村级物流站点经过演进和整合，已不再只单纯提供包裹配送服务，许多地区的村级配送网点内配有电脑、储物柜及专业辅导操作人员等，为村民提供物流自提、网购网销（代购代销、缴费、充值、订票、代收代发、代换代退）、引导宣传等服务，逐渐发展成为集物流、批发、旅游、金融、创业等各类服务于一体的农村社区综合体，同时整合文化、娱乐和公益服务等，从原来的物流小服务站变身为村级文化娱乐商贸综合体。

县、镇、村三级物流体系能将物流包裹及时、有序地送到各个乡镇、村级服务网点，还可以将村里寄出的包裹及时收取并送至县级物流中心进行中转，有效地解决了农村物流的"最初一公里"和"最后一公里"难题，是我国农村物流实践的一次成功尝试。如今，三级物流体系模式只在部分农村地区成功实施，还没有大规模展开，各个地区还需要根据当地实际情况来引进和创新这种模式。

对于农村地区来说，人口居住分散，网购习惯尚未形成，因此快递业务量还相对较少。快递企业出于成本和利润的考虑，在农村布局的网点仍然很少，快递员派送的处境也相当艰难。因此，农村终端网点的布局还有很长一段路要走。

第四节　电子商务物流服务的成本控制与质量提升

物流服务是物流活动的目的，物流企业需要不断提升物流服务质量。然而，在提升物流服务质量的同时必然也会增加物流成本。物流质量与物流成本之间存在着"二律背反"的规律。如何提高物流服务质量、降低物流成本，或者在保持成本既定情况下实现物流服务质量的最大化，是本节讨论的重点内容。

一、物流质量管理

（一）物流质量的含义

物流质量是指现代物流活动过程中满足现代企业生产和顾客需要的各个特性的总和。物流质量概念包含以下几个内容：

1. 商品的质量

电子商务物流服务的直接对象是商品，物流企业的职责是在规定的时间内将商品完好无损地从卖方运输到买方，保证其符合双方客户的期望要求。因此，在物流运输配送过程中，物流企业需要注重商品质量的保护，避免其受到损坏或丢失，通过合理安全地转移商品，实现对用户的质量保证。

2. 物流服务质量

物流业为客户提供的产品是服务，物流的主要质量目标就是提升服务质量。能否为顾客提供优质的物流服务，满足或争取超过顾客的需求期望值，是物流企业能否成功吸引客户的关键。企业必须对整个物流流程进行良好控制，保证物流运作的每一个环节都处于有效监督和控制之下。物流服务质量高低的具体衡量指标主要包括时间、成本、数量和质量。

3. 物流工作质量

物流各环节、各工种、各岗位具体工作的质量就是物流工作质量，工作质量具体表现和反映在各环节、各工序之中。物流系统是一个复杂的庞大系统，其中的每一个环节、每一个岗位出现问题，都会影响整个物流目标质量的实现，所以，物流工作质量是物流服务质量的某种保证和基础。制定工作质量目标时，可以将物流服务总的质量目标分解成各个工作岗位可以具体实现的质量和工作要求，比如，为提高服务质量所做的技术、管理、操作等方面的努力。

4. 物流工程质量

物流工程质量是指把物流质量体系作为一个系统来考察，用系统论的观点和方法，对影响物流质量的诸要素进行分析、计划，并进行有效控制。这些因素主要有人的因素、体制因素、设备因素、工艺方法因素、计量与测试因素以及环境因素等。

（二）物流质量控制

在物流运作过程中，为了确保达到预期的目标，需要对物流进行控制。控制物流质量一般有以下几种措施：

1. 控制商品质量

商品在物流环节须经过多次分拣、运输、配装等工序，也会经过时间和空间的转移，而在此过程中，物流企业必须保证商品不受到损坏或丢失。可以通过流通加工活动来控制商品质量，比如分装、贴标签等。对一些特殊商品，需要采用特殊保护措施，如对易碎商品，可添加防震泡沫防止商品在运输途中破碎等。

2. 制定工作质量标准

物流企业必须制定工作质量标准，进行内部控制来保证物流作业的各个具体环节的工作质量。可以采用的物流工作指标包括配送准时率、错误投递率、录单准确率等方面。

3. 控制服务质量

电子商务物流既服务于电子商务企业，也服务于购买产品和服务的顾客。因此，应准确了解和掌握用户需求，为不同的服务对象提供标准服务和差别服务。据悉，目前消费者对配送时效及隐私安全的要求越来越高。另外，还需要及时根据用户需求来不断完善物流服务质量标准。

4. 制定工程质量标准

物流工程质量对物流活动有着决定性影响。对物流工程质量的管理需要利用系统论的观点和方法，对物流系统中的相关因素进行分析、计划和控制，例如物流网点的规划设计、配送中心选址等。

二、物流成本管理

（一）物流成本

物流成本是指产品位移（含静止）过程中所耗费的各种劳动的货币表现。它是产品在实物运动过程中，如包装、装卸搬运、运输、储存、流通加工、物流信息管理等各个环节支出的人力、物力、财力的总和。可以说，物流成本就是完成物流活动所需的费用。

所谓物流成本管理，并不是管理物流成本，而是通过成本去管理物流，以成本为手段，通过对物流活动的管理来降低物流费用。

通常需要对多种方法进行综合计算，才能清楚地了解物流的各种功能、各种范围及其适用范围的成本具体情况，从而制定正确的物流成本方针，全面、系统地对物流成本进行管理。

（二）物流成本的控制

物流成本控制是指运用成本会计的方法，预定成本限额，将实际成本与限额作比较，纠正不利的差异，提高经济效益。从总体上说，物流成本控制包括局部控制和综合控制。

物流成本的局部控制是指在企业的物流活动中，针对物流的一个或某些局部环节的支出所采取的策略与控制。物流成本的局部控制的基本内容包括对运输成本、储存成本、装卸搬运、包装费用、流通加工费用等环节的成本控制。

与局部控制相比，综合控制具有系统性、综合性、战略性的特点，有较高的控制效应。综合控制的目标是重视控制目标的集成，促使企业物流成本趋向最小化。企业物流成本综合控制的主体是企业物流管理组织和机构，客体是企业经济活动中发生的物流成本在企业财务会计中的反映，向企业外部支付的物流费用能够从账面上反映出来，而企业内部消耗的物流费用一般是计入制造成本而难以单独反映，这一部分的物流成本要比人们通常预计的大得多。因此，物流成本的控制不仅要针对向外支付的物流费用，还要控制企业内部的物流费用。

三、物流服务的成本控制与质量提升的协调

（一）物流服务的成本与质量的关系

在经济学中，"效益背反"又称为"二律背反"，是指同一资源的两个方面处于相互矛盾的关系之中，要想较多地达到其中一个方面的目的，必然使另一个方面的目的受到部分损失。换言之，"二律背反"体现的是一方利益的追求要以牺牲另一方的利益为代价的相互排斥的状态。这是一种此消彼长、此盈彼亏的现象，虽然在很多领域都存在，但在物流领域，这种现象尤其严重。

物流成本与服务的"二律背反"，简单地说就是物流服务质量提高，则物流成本也会同时升高。一定的物流服务质量总要耗费一定的物流成本。一般来说，提高物流服务质量，物流成本就会上升。成本与质量之间是一种此消彼长的关系，物流成本和物流服务质量之间受"效益递减法则"的支配。

日本学者菊池康也教授把物流服务与成本的关系归纳为以下四个方面：

（1）在物流服务水平一定的前提下，考虑降低物流成本。也就是说不改变物流服务水平，通过优化物流系统来降低物流成本。这是一种尽量以降低成本来维持一定的服务水平的方法，也即追求效益的方法。

（2）为了提高物流服务水平，增加物流成本。这是许多企业提高物流服务的做法，是企业在特定顾客或特定商品面临竞争时采取的积极而具有战略意义的方法。

（3）在物流成本一定的情况下，实现物流服务水平的提高。这是一种积极的物流成本对策，是灵活、有效地利用物流成本，追求成本绩效的方法，也是一种有效地利用物流成本性能的方法。

（4）在降低物流成本的同时，实现物流服务水平的提高。这是一种增加销售量、提高效益、具有战略意义的方法。只有要求企业合理运用自身的资源，才能取得这样的成果。

所以，深刻理解物流成本与服务水平之间的"二律背反"关系，有利于企业在进行物流成本管理过程中制定正确的物流服务标准。

（二）物流系统各子系统之间成本的交替损益性

物流系统各子系统成本的交替损益性实质上是物流系统各要素相互联系、相互制约的系统性在物流费用上的表现。在物流系统中，当我们只追求物流某个子系统的物流成本的降低时，必然会引起其他子系统成本的增加。例如，减少库存据点并减少库存量势必使库存补充变得更频繁，运输的次数也会增加。简化包装势必使包装强度降低，降低货物堆放、保管效率，并且在装卸、运输过程中容易出现破损，搬运效率下降，破损率提高。如果将铁路运输改为航空运输，运费会增加，但是运输速度却大大提高了。不但减少了各地物流据点的库存，而且还大量减少了仓储费用。

由于物流活动之间成本的交替损益性，在进行物流成本管理的时候就要以成本为核心，使整个物流系统化，要调整好各子系统之间的矛盾，把它们有机地联系起来，使之成为一个整体，使成本变为最小值，追求和实现部门的最佳效益。

总之，深刻理解这种交替损益性对进行物流成本管理，协调各子系统的成本控制具有重要的意义。

（三）协调策略

在当今竞争激烈的商业环境中，物流作为连接生产者与消费者的关键环节，其成本控制与服务质量提升已成为企业可持续发展的核心议题。一方面，企业需要不断降低物流成本，以维持或提高利润空间。另一方面，提升物流服务质量则是增强客户满意度、提升品牌形象、促进销售增长的重要途径。因此，实现物流服务的成本控制与质量提升的协调，成为企业物流管理的重要课题。

1. 成本控制策略：精细化管理与技术创新

精细化管理。首先，企业应对物流流程进行全面梳理，识别并消除无效作业和浪费环节。通过实施标准化作业流程、优化库存管理和配送路线规划，减少不必要的运输成本和库存积压。同时，加强对物流人员的培训和管理，提高作业效率和服务意识，从源头控制成本。此外，引入先进的物流信息系统，如ERP（Enterprise Resource Planning，企业资源计划）、WMS（Warehouse Management System，仓储管理系统）等，实现物流信息的实时跟踪和数据分析，为精细化管理提供有力支持。

技术创新。技术创新是降低物流成本、提升物流效率的关键。企业应积极采用自动化、智能化技术，如自动分拣系统、无人仓库、智能配送机器人等，减少人工操作，提高作业准确性和效率。同时，利用大数据、云计算等现代信息技术，对物流数据进行深度挖掘和分析，预测物流需求，优化资源配置，实现物流成本的精准控制。

2. 质量提升策略：服务创新与客户导向

服务创新。在物流服务领域，创新是提升服务质量、增强竞争力的关键。企业应不断探索新的服务模式和服务产品，如定制化物流解决方案、绿色物流、供应链金融等，以满足客户多样化的需求。通过服务创新，企业不仅能够提升客户满意度，还能够开拓新的市场领域，增加收入来源。

客户导向。以客户为中心是提升物流服务质量的根本。企业应深入了解客户需求，建立快速响应机制，及时解决客户问题。同时，加强与客户的沟通与交流，收集客户的反馈，不断优化服务流程和服务标准。通过客户满意度调查、服务评价等方式，建立有效的服务质量监控体系，以确保服务质量持续提升。

3. 协调策略：平衡与共赢

在物流服务的成本控制与质量提升之间寻求平衡，需要企业采取综合策略。一方面，企业应树立正确的成本观念，认识到成本控制并不是简单地削减开支，而是通过优化流程、提高效率来降低成本。另一方面，企业应始终将客户需求放在首位，将提升服务质量作为企业发展的核心动力。企业通过精细化管理、技术创新、服务创新和客户导向等策略的综合运用，实现物流服务的成本控制与质量提升的协调发展。

第四章 电子商务与新农村经济

第一节 电子商务的基础理论

一、电子商务的概述

（一）电子商务的概念

电子商务是指各种具有商业活动能力的实体，包括生产企业、商贸企业、金融机构、政府机构、个人消费者等利用计算机网络等先进技术进行的各项商业贸易活动。也就是商务活动的各参与方之间以电子方式在互联网上完成产品或服务的销售、购买和电子支付等业务交易的过程。

电子商务的重要技术特征是利用Web（World Wide Web的简称，全球广域网）技术来传输和处理商业信息。其主要功能包括网上的广告、订货、付款、客户服务和货物递交等销售、售前与售后服务，以及市场调查分析、财务核算和生产安排等商业操作过程。电子商务不仅涉及信息技术和商业交易本身，而且涉及诸如金融、税务、教育等社会其他层面。完整的电子商务一般包括商情沟通、资金支付和商品配送3个阶段，并分别表现为信息流、资金流和物流的发出、传递和接收。简单地说，电子商务是指在因特网上进行的商务活动。

国际商会于 1997 年在巴黎的世界电子商务会议上提出电子商务是指实现整个贸易活动的电子化。从涵盖范围方面可定义为：交易各方以电子交易方式，而不是通过当面交换或直接面谈方式进行的任何形式的商业交易。

从技术方面可定义为：电子商务是一种多技术的集合体，包括交换数据、获得数据以及自动捕获数据等。从其对电子商务定义的实质来看，也可简单地将电子商务理解为买卖双方之间利用互联网络按一定的标准进行的各类商务交易，它是旨在实现物流、资金流与信息流和谐统一的新型贸易方式。

电子商务有广义和狭义之分。狭义的电子商务也称作电子交易，主要是指利用 Web 提供的通信手段在网上进行的交易，企业在网上利用电子数据交换方式代替传统的纸介交易方式，通过网上电子转账系统和税收征管系统进行资金支付、划拨和结算。广义的电子商务包括电子交易在内的利用 Web 进行的全部商业活动，如市场分析、客户联系、物资调配等，也称作电子商业。这些商务活动可以发生于公司内部、企业之间及企业与客户之间。企业之间通过互联网和互联网相连，实现在跨国、跨地区之间方便、快捷地收集市场信息，宣传产品和树立企业形象，进行商业洽谈。

电子商务通常缩写为 EC（Electronic Commerce），是一种全新的商务活动模式，它充分利用互联网的易用性、广域性和互通性，实现快速可靠的网络化商务信息交流和业务交易。电子商务与传统的商务活动相比，具有交易环境的虚拟性、交易活动的低成本性、交易活动的高效率性、交易过程的透明性、交易时间地点的无限性、交易的动态联盟性等特征。

（二）电子商务的本质

1. 电子商务的特点

电子商务的特点包括：一是电子商务是各种通过电子方式而不是面对面方式完成的交易，因此，电子商务不是泡沫。二是电子商务是信息技术的高级应用，是现代信息技术与商务的结合，用来增强贸易伙伴之间的商业关系。三是电子商务是一种以信息为基础的商业构想的实现，用来提高贸易过程中的效率。四是电子商务是商业的新模式，其本质是商务，而非技术。是信息技术在商务活动中的应用，电子商务是改良而非革命。电子商务是全方位的，既包括前台，也包括后台在内的整个运行体系电子化。不仅是建网站，而且关系企业发展全局。不仅是网上销售产品，网站还可以用于企业内部沟通，树立企业形象，售后服务支持等。

综上所述，各行业的企业都将通过网络连接在一起，使各种现实与虚拟的合作都成为可能。一个供应链上的所有企业都可以成为一个协调的合作整体，企业的雇员也可以参与供应商的业务流程。零售商的销售终端可以自动与供应商连接，不再需要采购部门的人工环节，采购订单会自动被确认并安排发货。企业也可以通过全新的方式向顾客提供更好的服务，这不是只有大企业才能实现的构想。互联网为中小企业提供了一个新的发展机会，任何企业都可能与世界范围内的供应商或顾客建立业务关系。信息的有效利用成为新经济模式中企业增强竞争力的重要手段，电子商务必将成为基本的贸易与通信手段。

2. 电子商务的本质

基于新的商业模式，可以看出，纯粹的电子商务企业是组成全球网络供应链的一个重要环节，其目标是通过提供交易信息和交易平台（主要是交易订单和交易结算）的公共服务，从而提高交易主体之间的交易效率。

如将 ASP（Active Server Pages，动态服务器页面）也列为电子商务企业，则可以将电子商务的本质概括为以下三个方面：公共交易信息服务、公共交易平台服务、公共应用系统服务。电子商务企业的收入来源主要是提供上述三类服务而取得应有的收入，主要包括：按交易额提取少量（一般不到1%）的交易服务费、广告费、社区会员费、深层次信息服务费、应用系统运行平台租赁费、应用系统租赁费、应用系统实施咨询费等各项费用。

（三）电子商务的功能

1. 电子商务的主要功能

（1）广告宣传。一是电子商务可凭借企业的 Web 服务器进行浏览，在互联网上发布各类商业信息。二是客户可借助网上的检索工具迅速地找到所需商品信息，而商家可利用网上主页和电子邮件在全球范围内做广告宣传。三是与以往的各类广告相比，网上的广告成本最为低廉，而给顾客的信息量却最为丰富。

（2）咨询洽谈。一是电子商务可借助电子邮件、新闻组和实时的讨论组来了解市场和商品信息、洽谈交易事务，如有进一步的需求，还可用网上的白板会议来交流即时的图形信息。二是网上的咨询和洽谈能超越人们面对面洽谈的限制，提供多种方便的异地交谈形式。

（3）网上订购。一是电子商务可借助 Web 中的邮件交互传送网上的订购。网上的订购通常都是在产品介绍的页面上提供十分友好的订购提示信息和订购交互格式框。二是当客户填完订购单后，通常系统会回复确认信息单来保证订购信息的收悉。订购信息也可采用加密的方式，保证客户和商家的商业信息不会泄露。

（4）网上支付。一是电子商务要成为一个完整的过程，网上支付是重要的环节。客户和商家之间可采用信用卡账号实施支付。二是在网上直接采用电子支付手段可省略交易中很多人员的开销。三是网上支付需要可靠的信息传输安全性控制，以防止欺骗、窃听、冒用等非法行为。

（5）电子账户。一是网上的支付必须有电子金融来支持，即银行或信用卡公司及保险公司等金融单位要为金融服务提供网上操作的服务，而电子账户管理是其基本的组成部分。二是信用卡号或银行账号都是电子账户的一种标志，而其可信度需配以必要技术措施来保证。如数字凭证、数字签名、加密等手段的应用，保证了电子账户操作的安全性。

2. 电子商务的优越性

电子商务提供企业虚拟的全球性贸易环境，大大提高了商务活动的水平和服务质量。新型的商务通信通道的优越性是显而易见的，其优点包括：一是大大提高了通信速度，尤其是国际范围内的通信速度。二是节省了潜在开支，如电子邮件节省了通信邮费，而电子数据交换则大大节省了管理和人员环节的开销。三是增加了客户和供货方的联系，如电子商务系统网络站点使客户和供货方均能了解对方的最新数据，而电子数据交换则意味着企业间的合作得到了加强。四是提高了服务质量，能以一种快捷方便的方式提供企业及其产品的信息和客户所需的服务。五是提供了交互式的销售渠道，使商家能及时得到市场反馈，改进本身的工作。六是提供全天候的服务，即每年365天，每天24小时的服务。七是电子商务增强了企业的市场竞争力。

总而言之，作为一种商务活动过程，电子商务将带来一场史无前例的革命。其对社会经济的影响会远远超过商务本身。除了上述这些影响，它还将对就业、法律制度以及文化教育等方面也带来巨大的影响。电子商务会将人类真正带入信息社会。

电子商务的发展影响了人类的生活习惯，很多人都加入了电子商务这个行业，电子商务让人们感觉到以下几点：一是广阔的环境，人们不受时间和空间的限制，也不受传统购物的诸多限制，可以随时随地在网上交易。二是更广阔的市场，在网上这个世界将会变得很小，一个商家可以面对全球的消费者，而一个消费者可以在全球的任何一家商家购物。三是更快速地流通和低廉的价格，电子商务减少了商品流通的中间环节，节省了大量的开支，从而也大大降低了商品流通和交易的成本。四是更符合时代的要求，如今人们越来越追求时尚、讲究个性、注重购物的环境，网上购物更能体现个性化的购物过程。

二、电子商务的产生与发展

（一）电子商务产生与发展的条件

电子商务最早产生于20世纪60年代，发展于20世纪90年代，其产生和发展的重要条件主要是以下几点：

1.计算机的广泛应用。近30年来，计算机的处理速度越来越快，处理能力越来越强，价格越来越低，应用越来越广泛，这为电子商务的应用提供了基础。

2. 网络的普及和成熟。由于互联网逐渐成为全球通信与交易的媒体，全球上网用户呈指数增长趋势，快捷、安全、低成本的特点为电子商务的发展提供了应用条件。

3. 信用卡的普及应用。信用卡以其方便、快捷、安全等优点而成为人们消费支付的重要手段，并由此形成了完善的全球性信用卡计算机网络支付与结算系统，使"一卡在手、走遍全球"成为可能，同时也为电子商务的网上支付提供了重要的手段。

4. 电子安全交易协议的制定。1997年5月31日，由美国VISA和MasterCard国际组织等联合指定的SET，即电子安全交易协议的出台（该协议得到大多数厂商的认可和支持），为在网络上开发电子商务提供了一个关键的安全环境。

5. 政府的支持与推动。1997年欧盟发布了欧洲电子商务协议，美国随后发布《全球电子商务纲要》以后，电子商务受到世界各国政府的重视，许多国家的政府开始尝试"网上采购"，这为电子商务的发展提供了有力的支持。

（二）电子商务发展的两个阶段

1. 第一阶段（20世纪60—90年代）基于EDI的电子商务。从技术的角度来看，人类利用电子通信的方式进行贸易活动已有几十年的历史了。早在20世纪60年代，人们就开始了用电报报文发送商务文件的工作。70年代人们又普遍采用方便、快捷的传真机来替代电报，但是传真文件是通过纸面打印来传递和管理信息的，不能将信息直接转入信息系统中，因此，人们开始采用电子数据交换作为企业间电子商务的应用技术，这也是电子商务的雏形。

EDI 在 20 世纪 60 年代末期产生于美国,当时的贸易商在使用计算机处理各类商务文件的时候发现,由人工输入一台计算机中的数据 70%是来源于另一台计算机输出的文件,由于过多的人为因素,影响了数据的准确性和工作效率的提高,人们开始尝试在贸易伙伴之间的计算机上使数据能够自动交换,EDI 应运而生。EDI 是将业务文件按一个公认的标准从一台计算机传输到另一台计算机上去的电子传输方法。由于 EDI 大大减少了纸张票据,人们也形象地称之为"无纸贸易"或"无纸交易"。从技术上讲,EDI 包括硬件与软件两大部分。硬件主要是计算机网络,软件包括计算机软件和 EDI 标准。

从硬件方面讲,20 世纪 90 年代之前的大多数 EDI 都不通过互联网,而是通过租用的电脑线在专用网络上实现,这类专用的网络被称为增值网(Value Added Network,VAN),这样主要是考虑到安全问题。但随着安全性的日益提高,互联网作为一个费用更低、覆盖面更广、服务更好的系统,已表现出替代 VAN 而成为 EDI 的硬件载体的趋势,因此,有人把通过互联网实现的 EDI 直接叫作 Internet EDI。从软件方面看,EDI 所需要的软件主要是将用户数据库系统中的信息,翻译成 EDI 的标准格式以供传输交换。由于不同行业的企业是根据自己的业务特点来规定数据库的信息格式的,当需要发送 EDI 文件时,从企业专有数据库中提取的信息,必须翻译成 EDI 的标准格式才能进行传输,这时就需要相关的 EDI 软件来帮忙了。EDI 软件中除了计算机软件外还包括 EDI 标准。美国国家标准局曾制定了一个称为 X12 的标准,用于美国国内。1987 年联合国主持制定了一个有关行政、商业及交通运输的电子数据交换标准,即国际标准——UN/EDIFACT(United Nations/Electronic Date

Interchange For Administration, Commerce and Transport）。1997 年，X12 被吸收到 EDIFACT，使国际上用统一的标准进行电子数据交换成为现实。

2.第二阶段（20 世纪 90 年代至今）基于国际互联网的电子商务。使用 VAN 的费用很高，仅大型企业才会使用，因此限制了基于 EDI 的电子商务应用范围的扩大。20 世纪 90 年代中期后，国际互联网迅速走向普及化，逐步地从大学、科研机构走向企业和百姓家中，其功能也已从信息共享演变为一种大众化的信息传播工具。从 1991 年起，一直被排斥在互联网之外的商业贸易活动正式进入这个王国，使电子商务成为互联网应用的最大热点。

三、电子商务对社会经济的影响

随着电子商务魅力的日渐显露，虚拟企业、虚拟银行、网络营销、网上购物、网上支付、网络广告等一大批前所未闻的新词汇正在为人们所熟悉和认同，这些词汇同时也从另一个侧面反映了电子商务正在对社会和经济产生的影响。

（一）电子商务将改变商务活动的方式

传统的商务活动最典型的情景就是"推销员满天飞""采购员遍地跑""说破了嘴、跑断了腿"，消费者在商场中筋疲力尽地寻找自己所需要的商品。现在，通过互联网只要动动手就可以了，人们可以进入网上商场浏览、采购各类产品，而且还能得到在线服务；商家可以在网上与客户联系，利用网络进行货款结算服务；政府还可以方便地进行电子招标、政府采购等活动。

（二）电子商务将改变人们的消费方式

网上购物的最大特征是消费者的主导性，购物意愿掌握在消费者手中；同时，消费者还能以一种轻松自由的自我服务的方式来完成交易，消费者的主权可以在网络购物中充分体现出来。

（三）电子商务将改变企业的生产方式

由于电子商务是一种快捷、方便的购物手段，消费者的个性化、特殊化需要可以完全通过网络展示在生产厂商面前，为了取悦顾客，突出产品的设计风格，制造业中的许多企业纷纷发展和普及电子商务。

（四）电子商务将对传统行业带来一场革命

电子商务在商务活动的全过程中，通过人与电子通信方式的结合，极大地提高了商务活动的效率，减少了不必要的中间环节。传统的制造业借此进入小批量、多品种的时代，"零库存"成为可能；传统的零售业和批发业开创了"无店铺""网上营销"的新模式；各种线上服务也为传统服务业提供了全新的服务方式。

（五）电子商务将带来全新的金融业

由于在线电子支付是电子商务的关键环节，也是电子商务得以顺利发展的基础条件，随着电子商务在电子交易环节上的突破，网上银行、银行卡支付网络、银行电子支付系统以及电子支票、电子现金等服务，将把传统的金融业带入一个全新的领域。

1995年10月，全球第一家网上银行"安全第一网络银行"在美国诞生，这家银行没有建筑物，没有地址，营业厅就是首页画面，员工只有 10 人。与总资产超过 2000 亿美元的美国花旗银行相比，"安全第一网络银行"简直微不足道，但与花旗银行不同的是，该银行所有交易都通过互联网进行。

（六）电子商务将转变政府的行为

政府承担着大量的社会、经济、文化的管理和服务的功能，尤其作为"看得见的手"在调节市场经济运行、防止市场失灵带来的不足方面有着很大的作用。

总而言之，作为一种商务活动过程，电子商务将带来一场史无前例的革命。其对社会经济的影响会远远超过商务本身。除了上述这些影响，它还将对就业、法律制度以及文化教育等方面也带来很大的影响。电子商务会将人类真正带入信息社会。

（七）电子商务支撑农业经济发展

电子商务目前已经成为国际及国内商品交易的主要手段之一，随着各地区网络的不断普及和深化，电子商务产生的贸易量正以迅猛的态势壮大，必将成为今后国际、国内贸易的新引擎。社会主义新农村建设同样离不开电子商务的作用。发展农村电子商务具有全局性、战略性和前瞻性，与国家发展社会主义新农村的战略一致。电子商务作为现阶段最先进的交易方式，它的存在对农村经济的发展有着强大的推动力。

1.电子商务活动让农民更加及时地获得市场信息。农民选择生产作物的对象主要依靠自身的经验和往年的销售情况，可以说农民从来没有根据市场行情发展趋势或市场供求关系来进行生产，这就决定了农民生产具有很高的风险性。然而，电子商务的开展将会给农民以更多可靠的信息，农民在网上可以了解现阶段市场上对各种农作物的需求情况、价格趋势以及各种原料的相应性质，进而通过可靠的市场动态来决定生产什么、生产多少、如何生产、怎样才能使土地利用效率最大化。电子商务业务为农民提供了强有力的信息支持。

2. 电子商务可以更好地解决我国农业中出现的"小农户与大市场"的矛盾。单个农民作为生产的主体，不能及时了解市场信息，造成农产品不适应市场需求。分散的独立生产者生产的大宗农产品要汇集到城市中去，分销给众多的消费者，需要一套有组织的完善的销售网络体系，但农户家庭作为农业生产经营的基本组织单元，并不能支撑起日益庞大的农副产品市场的发展，单个用户和市场之间缺乏有效的连接机制，即中介缺失而非市场缺失。农村电子商务的出现就会很好地解决这方面的问题，将小农户与大市场紧密地联系在一起。

3. 电子商务活动有助于农产品的销售。目前农村最困难的就是"卖难"，由于信息不对称，农民生产的农产品销售不出去，这就对农民造成了严重的损失。而通过电子商务，农民可以在网上公开出售自己的农产品，进而更多的采购商可以从网上获得农产品的信息，采购商和农民可以在网上进行讨价还价，在网上进行交易。

4. 电子商务有助于提高农民的素质和生活质量。电子商务象征着网络和信息时代的到来，这不单是一种先进的交易方式，也是一种很有效的教育方式。农民可以从网上获得各种各样的信息，从而更好地学习和生产。农民也可以在网上购物，选择自己喜欢的商品，同样可以享受电子商务的优越性。

同时，电子商务为社会主义新农村建设提供了可靠的支持。建设社会主义新农村是我国的一项基本国策，电子商务的发展有助于农村经济的发展与建设，从根本上解决了农村与城市信息隔绝的现象。

四、物联网技术在电子商务中的应用

物联网是一个由感知层、网络层、应用层组成的社会信息系统工程，在互联网的基础上利用射频识别技术、传感器、全球定位系统等装置和信息技术，实现实时采集，按照协议的约定与互联网结合成为无须人工干预的，通过与网络连接使物理世界的物与物、物与人进行交流的智能网络，并可实现快捷准确地识别、管理和控制。物联网的核心技术之一 RFID，即射频识别技术，是 20 世纪 90 年代开始兴起的识别系统，与特定目标不进行机械或者光学接触，仅通过无线电信号来对特定目标进行识别和相关数据读写的一种新兴技术。物联网就是主要利用 RFID、传感器、二维码等技术手段，实现对物品的全面感知。

新兴电子商务市场是在传统零售业基础上发展而来的，不可避免具有自动化不强、质量不可控、支付方式单一以及远程支撑能力弱等天然的劣势。如何规避传统电子商务带来的风险，扩展电子商务发展领域，是整个电子商务行业面临的重要课题。电子商务是信息技术与互联网发展的产物，物联网的产生也是建立在同样的基础之上，也就使两种新兴的产业有着必然的内在联系。物联网是互联网的延伸和拓展，是信息技术的升级，这对于具有虚拟化、自动化属性的电子商务，在其运营组织、过程控制以及线下服务等方面给予了强有力的信息支撑，弥补其远程支撑能力、信息采集环节缺失等方面的不足。物联网技术可将互联网商务活动中真实存在的东西视为"物"的对象，通过广泛采集物的各类信息，准确追踪判断物的流通过程，实现物联网技术在电子商务的信息流、资金流、商流以及线下的物流配送等各环节的积极推动作用。物联网技术下电子商务企业对该技术的应用，不仅是技术的创新，也是企业管理模式的创新，突破传统电子商务的局限，更加高效、直接地进行信息互动，不仅能突破电子商务发展的瓶颈，也是提升电子商务企业核心竞争力的重要手段，给电子商务发展带来新的空间。

五、大数据处理技术对电子商务的影响

电商决胜，商业模式是关键。互联网时代，数据是电商商业模式创新的核心。"大数据+"作为"互联网+"发展产生的大数据技术集成，实现了各类数据的汇聚、挖掘和交融，是一种"了解一切"的能力，将为电商插上腾飞的翅膀。

移动互联网的迅猛发展，催生了移动电子商务快速兴起，开创了新型电商商业模式：借助互联网，可构建起直达每一位消费者的零距离渠道；借助大数据，形成从产品设计、生产到销售、配送在内的全过程记录、分析和公开，实现营销策略的快速调整。事实上，传统电子商务交易平台企业早已纷纷"抢滩"移动电子商务，数据平台建设成为本轮电商竞争的重头戏。京东豪掷40亿元投建两大云计算数据中心，阿里巴巴更将云计算作为集团最重要的业务。数据资源已经成为电商的核心资源，"大数据+"已经成为电商行业的新趋势。

然而，各个电商企业不同程度的数据垄断，损害了数据开放、流动的核心理念，降低了数据价值。如何既让数据价值最大化，又保护自己的数据利益，已成为电商企业面临的重大课题。

在 2015 中国电子商务峰会上，"块数据"理念的提出给电商带来了曙光。所谓"块数据"，即在一个物理空间或者行政区域形成的涉及人、事、物等各类数据的总和。举例而言，一名用户既在微信、微博上有信息流，还有线下医保、社保、交通出行等数据，要准确地了解这名用户，需要将各种数据关联起来处理。"块数据"则让以往的这些"数据孤岛"连成一片，通过对不同类型、来源信息的集成、挖掘、清洗，极大地改变信息的生产、传播、加工和组织方式，使数据实现了流动、共享、交易，有利于寻找、培育、发展新的商业模式和新的增长点，有利于革新、替代过去粗放式的营销模式，使每一个流量价值都发挥到极致。

从某种程度上讲，得数据者得未来。电商企业若能充分利用互联网和大数据对传统的产品销售、生产、售后等环节的重构，大胆采用新的技术和商业手段不断地获取、汇集和分析更多数据，形成"实物＋服务＋数据"的新盈利模式，将笑看电商风云，成为"互联网＋"时代的赢家。

（一）强大的信息检索服务功能

对于电子商务而言，商品种类的丰富性是其提高竞争力的重要手段与措施，然而，数量较多的商品数量以及分类体系都需要数据库网络具有较强的灵活性与检索能力。当前，关于数据库网络系统的研究还不是很深入，正处在发展的阶段。采用云计算系统基础之上的大数据处理能够为客户提供比较全面、强大的信息检索功能，从而结合用户的个体差异性以及个性需求等特点来进行海量的搜索，同时能够确保高返回率、高准确率等。与此同时，还能够对其进行信息推送服务，以及对热点信息进行推荐与推送等较新的信息检索服务。

这些相关的工作在大多数情况之下是针对特定的领域，并且是基于静态网络环境构建的相应的数据库网络的系统，其在很大的程度上不能够适应当前网络环境之中数据库的资源的不确定性的要求。那么，就有必要建设一个支持多领域动态数据集成的网格数据库系统，可以有效地进行数据库资源的管理工作，并且要能够提高获取资源的准确性，提高相应的查询效率，使其数据库资源得到良好的管理。

（二）准确的数据分析

对于海量的数据进行实时性的分析，已经成为当前电子商务进行竞争的着重点，而大数据的主要价值就在于详细地分析与利用相关信息。采用云计算可以在较短的时间里对较多的数据进行收集、存储以及分析与处理，从而很大地增强了企业的数据处理与信息分析的能力，使电商能够实时精确地挖掘相关数据，并且对数据进行深入的分析。

（三）快速的弹性处理能力

对于电子商务系统而言，拥有快速弹性处理能力是其主要目标。只有达到这个目标才能够顺利地处理突发的访问量，以及海量的订单与客户进行浏览的需求。与此同时，还要根据客户的具体需求以及不断上涨的业务量，来扩充服务器，同时增加相关数据的存储设备。在云计算基础之上的云存储平台，其具有在理论方面无限的海量存储以及规模较大的计算等各种资源，能够顺利地处理与存储 TB（Terabyte，太字节）级乃至 PB（Petabyte，拍字节）级的海量数据。在这种基础上，使企业无须安装硬件，即可以廉价及快速地进行应用系统的部署，与此同时实现弹性的伸缩，最大限度地提高资源的相关管控能力，最终实现资源的优化合理运用。

第二节 新农村电子商务建设的内涵与外延

一、电子商务与新农村建设

（一）新农村电子商务的概念

新农村电子商务的概念目前还是比较新颖的，到目前为止，国家还没有对其进行一个明确的定义。对于新农村电子商务的含义，可以从传统电子商务和我国新农村建设的背景和意义去理解。电子商务从被人提出以来，就没有一个统一的定义，不同研究者和组织从各自的角度提出了对电子商务的定义和认识，这些不同的定义与认识均与电子商务应用环境有关。

电子商务是信息技术和经济发展的必然产物。电子商务是指买卖双方之间利用网络按一定标准进行的各类商业活动，而农村电子商务本质上也是一种交易活动，但又不同于一般的商业电子商务，它是以农产品的交易为基础的，通过现代化信息技术和通信技术的支持，借助相应的网下物流，使农产品可以快速到达消费者手上的过程。即以发展运用电子商务的技术来推广农业的发展，提高农村居民收入，改善农民生活水平，以整体提高我国的经济发展水平。农村电子商务的内容主要包括电子农民、乡镇企业、商家、消费者、认证中心、物流机构和政府部门等方面。农村电子商务通过将传统的交易流程搬到网上进行，从而节约交易成本，实现买卖双方的共赢。因此，可以对新农村电子商务给出如下定义：新农村电子商务就是以我国新农村建设为背景，借助网络信息技术来搭建一个统一的信息平台，通过网络平台的嫁接和拓展，进行的一系列涉及农业生产、农村消费、农产品流通以及农村服务等领域的商业活动。其主要内容包括改造传统效率较低下的农业生产经营方式的交易信息平台、保证电子商务良好建设的安全控制措施、推动农业电子商务快速发展的组织模式，通过对安全控制和组织模式的研究来保证农业商务平台构建顺利进行，协同各个平台把传统农村建设成为现代化、高度信息化的社会主义新农村。

新农村电子商务的实施与应用是依托一个完善的农产品网络信息系统的，因此，新农村电子商务的构建是现代农业各种信息化的体现者，是现代农务研究的基础，是提高我国农业经济的又一方法，对促进我国农业经济的发展和研究都有非常重大的意义。

（二）新农村电子商务的特点

新农村电子商务是以我国新农村建设为背景，依托于农村电子商务基础设施建设水平的不断提升，可以有效地整合城市与农村的产品市场。相对于传统的农产品市场，新农村电子商务具有以下特点：

1. 突破了农产品交易时空限制。由于互联网的技术不断发展，为新农村电子商务应用创造了巨大的空间。新农村电子商务是依托于农产品市场网络信息化的发展而发展的，电子商务作为农产品的主要营销手段，网上交易、供求信息匹配肯定会成为农产品交易的主要形式。而以无时空约束的网络为依托的农产品网络营销，则突破了传统交易的空间、时间、地域，甚至是国籍限制，在进行市场拓展时突破了市场壁垒和市场扩展的障碍。目前，企业借助新农村电子商务，可以全天候地直接面向全球提供产品营销服务。农产品在电子商务平台上交易的最大特点就是具有互动性，通过网络能让消费者真正参与营销活动。双向电子商务平台可以促进买卖双方的一对一交流，并且这种交互式的交流是以消费者为主导的，它使企业与消费者间的沟通变得更直接、方便、迅速和有效。农产品消费者可以在网上选择所需的农产品，或者提出自己的未来需求，而企业也可以根据消费者提出的需求信息，定制、改进或开发新产品来把握未来市场的走向。新农村电子商务的交易平台是以消费者为主导，强调个性化的营销方式。因而，消费者可根据自己的个性特点和要求，在农产品电子商务平台上选购自己所需要的产品，而企业则可以从每一个消费者的消费信息中提取消费者的习惯，为其产品创新提供客户支持，准确把握市场走向。

2. 参与主体的广泛性。从上面的新农村电子商务的概念，我们可以认识到新农村电子商务所包含内容的广泛性。新农村电子商务参与的主体，除了传统的农业生产者，还包括农资产品生产者、政府和超市等。通过参与新农村电子商务，都能在一定程度上给参与者带来收益。与传统农村电子商务相比，新农村电子商务具有更加广泛的参与者。

对农产品的经营者来说，通过新农村电子商务平台可以弄清楚消费者的个性化要求，逐步提高客户的忠实度。传统的农产品电子商务网站主要是以信息发布为主，而没有进一步对网站的管理，无法获得有效的客户和交易。这里提出的农产品电子商务的个性化需求主要是指跟踪用户浏览的路径，挖掘用户行为模式，进而发掘用户的兴趣爱好，成功地引导顾客进行消费。

对广大的农户和客户来说，通过新农村电子商务平台可以及时有效地获取农业生产的相关信息，农户、客户可以通过电子商务交易信息平台进行商务洽谈，平台还可以聘请农业技术专家对农民的生产进行技术指导。与传统的农业信息网不同，新农村电子商务平台不仅可以为买卖双方发布供应信息和求购信息，也能提供一个网上交易的场所，同时也可以根据用户提交的供求信息，主动为顾客进行供求信息的匹配，方便买卖双方快速对接，当然用户也可以直接去浏览查找相关信息。

3. 农产品及农资产品交易的高效性。借助新农村电子商务平台开展的农产品交易市场作为一种全新的农产品交易方式，和传统交易方式相比具有明显的优势。与传统的农村电子商务相比，新农村电子商务通过双向供求匹配系统来加速供求双方信息的快速匹配，保证交易的效率和速度。

农产品在电子商务平台可以加快农产品信息传播的速度，同时也可以实现农产品企业与消费者直接沟通，避免了大部分中间环节，从而降低了交易成本。传统农产品供应链中，农产品由企业到批发商，再到零售商，层层加价，消费者的购买成本加大，并且由于农产品本身的特点也容易造成农产品交易成本的上升。而在新农村电子商务交易平台，消费者以出厂价直接从农产品企业购买产品，实现了消费者和企业的共赢。直接将新鲜的特色农产品快速上架，加快农产品的市场流通。由于我国农产品存在着"买卖双难"的问题，网上交易可以扩大交易范围，增加交易机会，节约交易成本，从而提高交易效率，使我国农业的原有优势得到相应的发挥，而且使其原有的劣势逐步改善，也极大地增强了我国的农产品在世界市场上的竞争力。

4.经济性。新农村电子商务的交易信息平台可以缩减农产品在供应链各环节的协调成本,在保证交易进行的同时,能够使得买卖双方联系得更加紧密。平台为消费者提供了信用安全保证,避免了交易过程中错误的发生。

通过新农村电子商务平台,消费者可以有效地降低信息的搜索成本。与传统的交易模式相比,平台可以直接给予用户、供应商及其产品的相关信息,大量地节省了客户的信息收集时间和成本。同时,由于新农村电子商务平台给予了供应商和消费者一个交流平台,买卖双方可以直接进行交流,从而越过了多层次的批发和零售环节,大量地节约了交易中间成本,最终让利给消费者和供应商。相对消费者而言,扩大了客户对供应商的选择范围,大大地提高了市场交易的成功率。

新农村电子商务平台通过线下的物流集成平台,可以有效地降低农产品进行配送的成本。通过集成和配送路径的优化选择,越过多个批发零售环节,可以有效地进行农产品配送。通过电子商务的交易平台,买卖双方可以选择合适的交易对象,进行直接交流,从而加快交易的发生。

在新农村电子商务平台,所有供应商的信息、产品价格、供求信息和市场动态等信息都会在相应模块进行查询公布,打破了买卖双方的信息公开程度不对称的瓶颈,使供应商以产品质量、优质服务和产品价格来提升自身竞争力,从而吸引更多消费者。

(三)我国农业电子商务应用模式

电子商务应用模式最常见的是按交易主体类型进行划分,主要有三类:B2B(Business-to-Business),即企业与企业之间的电子商务;B2C

（Business-to-Customer），即企业与客户之间的电子商务；C2C（Customer-to-Customer），即客户与客户之间的电子商务。在传统的农产品交易模式中可以找到类似的模式，我们暂且将传统交易模式与电子商务交易模式的这种对应关系，称为传统农产品交易模式向农业电子商务环境下的平移。大型农产品批发市场类似于B2B，农产品专营店如农资、化肥、种子专营店类似于B2C，而农产品集贸市场则类似于C2C。

近两三年，随着电子商务行业竞争日益激烈，电子商务行业的应用模式在竞争中不断创新，出现了B2B2C、C2B或者O2O（Online-to-Offline）等新型电子商务应用模式。但从交易主体上来看，电子商务乃至商务的主体，依然是企业或组织即B和个人即C。如前所述，农业电子商务的核心是从事农业商务的组织和个人。

（四）农村电子商务的发展优势

1. 经营成本低。零售企业开店投入的资金中，相当一部分花在了地皮上。在大城市，寸土寸金，一些繁华地带的地租动辄每平方米上万元，这样的高成本投入，使我国零售企业在与"狼"共舞中很难拥有价格优势。而在农村市场，开发程度低，地价也大大低于城市，大大节约了企业的资金，降低了经营成本。另外，农村地区劳动力成本也大大低于城市。大城市人口密度大，消费水平高，劳动力工资水平自然也水涨船高，平均工资多在千元水平；中小城市、农村地区，收入水平则与大城市整体相差悬殊。

2. 竞争阻力小。相对于大城市你死我活的惨烈商战，中小城市和农村存在着明显的竞争不足。目前，占据这些地区商业领域的主要是一些地方的中小型商业企业以及为数众多的零散经营个体零售业者，普遍存在着规模小、布局混乱、组织化程度低、商品质量差等诸多问题。因此，我国商业零售企业正好可以充分利用自身在品牌、资金、管理等方面的优势轻松占领市场。除了直接投资开店，还可通过收购、兼并、嫁接、加盟等形式的资产重组吸纳那些当地不景气的商场、市场，实现低成本、大规模的扩张。

3. 市场潜力大。据国家统计局2022年末发布的数据，我国14亿人口中，农村常住人口为4.91亿。从这个意义上说，只有占领了农村市场才是真正占领了我国市场。尽管现在农民的购买力相对比较低，但农村丰富的人口资源在一定程度上弥补了购买力的不足。从长远来看，农村经济的发展、农民收入的提高是关键，提高农民购买力是一个必然趋势，农村市场的潜力是无限的。随着中国加入世贸组织，国际零售巨头加快了进入我国的步伐，大城市市场竞争空间日益狭小，外资零售企业进军我国农村市场是迟早的事。

（五）农业电子商务的发展阶段

1. 农业电子商务必经发展阶段

（1）以政府为主体、从"无"到"有"的启动建设阶段。此阶段以政府为主导，以面向农民提供农业信息服务为主，兼顾涉农企业。

（2）以企业为主体、政府补贴的媒体平台阶段。该阶段的盈利模式有3种：一是向农用生产资料企业收取广告费。由于在很多农村地区还未能解决"最后一公里"（进入农家）问题，广告受众有限，所以广告收费难以维持公司的正常运营。二是政府提供项目经费支持。如在实施农业信息化建设项目、农村信息扶贫项目过程中，通过购买公司开发的手持终端机等方式，对公司给予财政上的支持。三是开展农业电子商务的公司,通过承包政府农业信息化项目建设,如软件开发、为政府提供技术支持等,获得财政上的支持。该阶段也有政府牵头、企业赞助的模式。不过,考虑到经济效益,企业赞助的区域范围及其阶段赞助的设备和技术是有限的。

(3)以企业为主体、搭建B2B商务平台阶段。农民对市场信息的需求超越了简单的供求信息发布之后,就想通过更广阔的平台收获更大的经济效益,农产品电子商务必将成为核心之一。

2. 农业电子商务的开展方式

(1)没有农业企业网站的电子商务。很多人认为农业企业要开展电子商务就必须建立自己的网站,其实,如果自身资源有限的话,可以不必建设独立的网站。目前,国内有慧聪网、淘宝网、京东等著名的大型电子商务网站,他们为企业或个人提供了很好的电子商务平台,企业只需要在上面注册自己的网上商店,就可以很好地推广自己。这样,企业就可以花少量的投资甚至免费来实现初级电子商务。

(2)拥有农业企业网站的电子商务。由于网站的级别不同,各家农业企业开展的电子商务方式也不相同。比如,有的企业网站上面仅仅提供企业名称、一些简单的产品介绍、联系方式等。这种企业仅仅借助网站,在互联网平台上介绍自己,好比一张名片,实际的商务活动实现仍然是传统的方式;而有的企业网站已经实现了在线购物,甚至在线付款等功能,他们完全可以利用互联网平台来销售自己的产品和服务。农业企业选择什么样的网站形式,要根据自身实际来决定。

二、新农村电子商务的探索与实践

（一）阿里巴巴农产品电子商务发展概况

正是看到了农产品电子商务的巨大潜力，阿里各平台在 2012 年都组建或强化了涉农业务，用以发展农产品或其他涉农电子商务，从而在 CBBS（主要包括 C2C、B2B、B2C）的大市场体系中形成布局。阿里巴巴 B2B 公司在 2012 年初拆分为小企业业务和国际业务两家公司后，也都保持专门的农业类目，来管理农产品的批发和国际询盘；淘宝网食品类目，为了强化农产品销售，重新组建了"特色中国"项目，希望用土特产撬动用户对于农产品的蓬勃需求；2012 年 3 月，淘宝网成立新农业发展部，并于 6 月推出生态农业频道，以绿色农产品为主导，旨在探索一条发展农产品电子商务的绿色生态模式；天猫网组织优质的运营服务商资源，为其食品类目下近 4000 个卖家提供更专业的支持和服务；聚划算平台则通过几次聚果行动，确立了以生鲜农产品对接本地生活，由消费者驱动的主要商品。

除了上述以推进农产品销售的业务设置，天猫网物流事业部还发起了"邮 E 站"项目，希望在农村部署更多网点，发展代购业务，解决农民买难；支付宝则于 2012 年 7 月成立了新农村事业部，重点发展农村便民支付普及和农村金融服务合作，尝试搭建涉农企业及专业合作社的融资平台。

（二）解决行业难题的有益尝试

1. 绿色农产品的布局

绿色经济是人类文明的全球共识与发展方向。发展绿色农业就是探索农业新的发展模式和新的经营理念，从而促进农业现代化，提高农产品竞争力，探索如何实现农业的可持续发展和生态系统平衡与良性循环。

淘宝生态农业频道在推进绿色农产品的经营模式上进行了有益尝试。他们在2012年6月上线之初就定位于做安全健康放心的食物社区。敢于承诺对接"拒绝农药、化肥、转基因"的绿色农场，在产品页面上公开产地、生产者、生产过程和生产环境的信息，以及种子来源、如何锄草等，结合淘宝评价体系及SNS（Social Network Service，社交网络）传播方式，尝试建立起了一套绿色农产品的参与式保障体系。

2. 食品安全溯源机制

在食品安全危机频发的当下，如何解决农产品的安全问题，是发展农产品电子商务不可逾越的一道门槛。2012年，淘宝网与天猫食品类目联合国家工商总局进行的电子台账建设，是对食品安全溯源机制的一次有益尝试。2012年7月，淘宝网和天猫对卖家发布平台进行优化，要求食品类目下新发布的包装商品，卖家必须填写资料中的生产许可证编号、品名、厂名、厂址、联系方式、保质期、生产日期、进货日期、数量、供货商、规格、包装方式、产地、配料表、食品添加剂14个字段。通过此措施完善食品追溯机制，将商品信息更全面地还原给消费者。

建立网络食品安全追溯制度后，"三无"产品得到了有效控制，出现食品安全问题，可以追根溯源。而对于消费者而言，商品信息变得更为透明，特别是消费者最关心的食品保质期、产地等，一目了然。

3. 资金链问题的尝试

对农产品进行生产或加工，资金也一直是困扰众多涉农企业、农业合作社及零散农户的难题,支付宝平台则在这个问题上进行了大胆尝试。支付宝在2012年7月成立新农村事业部后,将搭建融资平台作为他们的一项主要工作,助力涉农企业达成贷款获取或推进供应链融资流程,为其提供必要的资金融通渠道。支付宝将上游的授信机构与下游的涉农企业链接起来,在中间搭建一个贷款发放和还款的资金通道,帮助他们实现涉农贷款。

三、发展农产品电子商务的意义

(一)在农产品巨大市场上的试水

阿里各平台在农产品电子商务上的探索,是在一个巨大潜在市场上的试水。随着近两年电子商务的蓬勃发展,一些传统行业已经达到较高的网络渗透率,如2011年化妆品的网络零售渗透率达到16.3%,服装达到14.3%,而农产品行业的电子商务才刚刚起步。

2014年第一届中国县域电子商务峰会时,阿里巴巴CEO张勇正式公布了阿里巴巴的农村战略"千县万村"计划,发展中国农村电子商务。在过去的一年多时间,农村淘宝在全国29个省份、328个县级的1.6万个行政村设立了农村淘宝服务站,成为中国最大的农村电商平台。联合国贸易和发展会议认为,农村淘宝摸索出的一套和企业、政府合作帮助中国农村发展的有效经验,值得向其他国家输出经验。

(二)为农产品买难卖难寻求破题之路

阿里各平台在农产品电子商务上的探索,为破解农产品买难卖难提供了新的方式和渠道。农产品买难卖难是长期以来困扰我国农产品流通领域的一道难题,农业农村部、商务部等政府部门推出过菜篮子、万村千乡、双百市场、农超对接等多项工程,但是这个问题依然未得到彻底解决,每年农产品丰收之时,也就是各地菜贱伤农事件爆发之日。

淘宝网、天猫、聚划算等平台探索的多种农产品电子商务销售模式,不仅为农产品买难卖难寻求破题提供了借鉴意义,也在农产品生产一线孕育出了一种新型生产力,这种生产力与它的主体——涉农网商一起,必将在未来真正的破题中发挥力量。

(三)新商业结构下对农产品消费方式的探索

阿里各平台在农产品电子商务上的探索,也是在新商业结构下对新消费方式的全新思考。互联网商业讲求协作共赢、生态繁荣、共生进化,小前端、大平台、富生态的商业组织与模式,促进了整个互联网亚马逊雨林生态的形成。在新的商业结构下,人们的消费方式发生了极大变化,比如消费效率提高下消费者选择权扩大,消费理性增强等。而农产品生产、配送、储存上的独特性,又使其消费方式也更加独特。

淘宝网、天猫、聚划算等平台尝试的农产品预售、团购模式、体验消费、社交网络传播,以及绿色食品的参与式保障体系等,都是对新商业结构下新型消费方式的对接与探索。

四、新农村电子商务的发展趋势

随着我国信息化和城镇化进程的加快,农村电子商务技术不断更新,影响范围不断扩大,对农村经济社会的渗透不断深入,呈现出以下四个趋势。

（一）由传统电商向新型电商转变

这一转变是信息技术不断发展的结果，初期的农村电子商务主要是农业企业、农民专业合作社和农业生产大户通过互联网平台发布农产品供求信息，实现农产品购销，其模式是：农产品网站＋电话＋货运公司，即先通过网站发布农产品供求信息，再通过电话进行商务洽谈，最后签订购销合同，由卖方或买方组织货运完成交易。这种模式在很大程度上摆脱了地理位置的束缚，拓展了农产品交易市场。随着互联网、电商平台、网络支付、社会信用、商业保险等软环境的发育成熟，更多的农业经济组织和个人走向了即时线上交易平台，并跟随信息产业的成长一路发展了B2B、B2C、C2C、C2B等电子商务交易模式。这种"本地产品＋电商平台＋网络支付＋专业物流"的模式大大提高了交易的效率，降低了双方的交易成本。甚至在"互联网＋"的推动下，农家乐经营户、民宿业主、观光农场也实现了线上交易、线下现场消费体验的O2O电商模式。

（二）从单向电商向双向电商转变

这一转变得益于部分农村地区仓储、交通、物流、信息设施等硬件设施的逐步完善。与到实体店购物相比，网络购物不仅可挑选范围大、送货上门，而且价格便宜，对远离大城市的农村地区有莫大的吸引力。

根据中国互联网络信息中心发布的第55次《中国互联网络发展状况统计报告》，截至2024年12月，我国农村网民规模达到3.13亿人，占网民整体的28.2%。在农村消费品电商发展的同时，电子商务配套产业也不断发展成熟，专业物流企业农产品仓储物流的触角逐渐延伸到广大农村地区，农村的小生产也逐渐地与更大的市场实现了对接。只要有一台电脑、一根网线，甚至只需要一部智能手机，农户就可以在淘宝网、微店等电商平台零成本开店经营。这让农村电子商务不再是农业企业的"专利"，一些受教育程度较高的农村青年从中发现商机，开始把本地特产甚至家具、服装等商品放到网店出售，一大批农民网商涌现，这让农村电商实现了农产品从田间到消费者的极简模式。农村电子商务的信息流、物流不再是单向的消费品购买，而是形成了与不同分工的行业和地区互通有无的双向电商。

（三）从经济发展向改善民生转变

这一转变离不开政府的推动。电子商务向农村地区的延伸无疑是经济利益驱动的结果，一方面是生产、生活消费品向农村开拓消费市场，另一方面是农产品、乡村旅游资源对外营销增收。但从政府角度来看，在农村地区发展电子商务不仅是可以发展农村经济、带动农民增收，还是优化社会管理、改善农村公共服务、缩小城乡差距、让农民共享发展成果的民生工程。比如政府机构、事业单位和国有企业依托电商平台开展的特色办证、公开拍卖、网络售票等。特别是政府推动的"农村信息化示范工程"，重在建设集"农产品综合服务、农产品交易、全网代购"于一体的农村电商综合平台，构建农产品信息服务、检测、仓储配送中心，实现农产品生产与营销的全程服务。在浙江、江苏等电子商务发展迅速的省份，将在未来一两年内实现电商服务全覆盖，让村民的现金存储、农产品销售、日用品购买、信函、包裹、汇兑、水电费缴纳、手机充值等都搭上电商平台。

（四）从个体电商向区域电商发展转变

在提出"互联网+"战略方针后，互联网就向各行各业渗透、融合，帮助各行业升级转型。"互联网+农业"也是在这个大背景中诞生，而构建农村电子商务是其中最受瞩目的模式，国家明确提出发展农业电子商务是作为推动经济的新动力之一。国家政策的大力支持，让农村电商的前景变得更为广阔。在政府工作报告前，国家就已经发布了一系列关于农业政策的文件，囊括了农村电子商务、农垦改革、农村深改等各个方面，其中发展农村电商被视为重点，继续加大对农村电商的扶持，政策层面已然证实"互联网+"农业的风正刮起。国内经济面临下滑压力，扩大内需、提振经济无疑是今后经济工作重点之一，而且农村市场的需求一直因实体店较少而受到压制，释放农村市场需求对于扩大内需、提振经济有着重要作用，所以国家对农村电商的支持是毋庸置疑的。不过目前农村电商发展仍面临诸多难题，如物流问题、人才问题、产业链信息不对称、农产品标准化程度低等。但随着国家投入的力度加大，这些难题在未来几年内都将得到突破性的解决，如即将实施的"实现村村直接通邮"项目，让农村电商发展"最后一公里"的物流配送难题取得了实质性突破，预计政府将在农村电商的物流方面加大投入，物流难题最终也将迎刃而解。农村电商的出现顺应了互联网发展趋势，并能极大地满足农村市场的需求。随着农民收入持续增长，越来越不满足于目前农村商业体系的现状，对生活品质提出了更高的要求。同时，互联网向农村市场的渗透，给"互联网+"农业市场带来了巨大的想象空间，如产前市场种子、化肥、农业等基础建设规模就超过2万亿元。综上所述，农村电商未来发展不会一帆风顺，必定会有诸多难题，从业者需解决各类痛点，才能在巨大的市场空间中分得一杯羹。

第三节　以区域为核心的农村电子商务模式

一、发展较好的区域性农村电子商务模式

1.A2A（Area-to-Area，区域对区域）农村电子商务模式。A2A农村电子商务模式实质上是区域对区域的电子商务发展模式，该模式主要是将分散的小农户生产出来的小宗农产品用各种交通运输工具汇聚到城市，然后将产品分销给广大的消费者，而且该发展模式需要依赖完善的销售网络体系的支持。

A2A农村电子商务模式的具体运作为分散的农户，利用先进的互联网技术，将产品信息发布在网络上，并且实时地调查掌握市场信息、行业信息等，及时地调整销售方案，并且及时地回馈消费者的信息。另外在物流配送上，在每个村构建一个信息站，并且配置多名配送员，进行短程的集中配送，用综合信息平台对配送情况进行督导，完成一系列的配送任务。

2.A2B（Area-to-Business，区域对商家）农村电子商务模式。A2B农村电子商务模式实质上是区域对商家的电子商务发展模式，目前，该模式在新农村建设上发挥着重要作用。在新农村建设中，"一村一品"农产品深层次加工现象逐渐地突出，这无疑打破了传统的发展模式对电子商务营销范围、规模效应的限制，利用专业的合作社，在先进的互联网技术的支持下，农产品的营销与配送均由专业人员负责，从而降低运行风险。另外，A2B农村电子商务发展模式能够将一个区域内的类似农产品信息利用互联网凝聚起来，形成更加规范的期货信息，在网上进行实时的发布与更新，从而实现网上农产品交易，

如竞拍、合约、期货、网上洽谈等项目的开展，降低网上交易风险，而且在物流上建立一个虚拟的专业市场，从而全面地提升农民的经济利益，服务于新农村建设，产生强大的社会效益。

3.B2A（Business-to-Area，商家对区域）农村电子商务模式。B2A农村电子商务模式实质上是商家对区域的电子商务发展模式。该模式下，农村电子商务商家将各种农资，如农产品、化肥、农药等通过信息员把标价发布在网上，并且在网上加强产品的宣传，吸引消费者的注意力，在一个区域内进行一系列的采购、销售、管理，缩短中间流通环节，从而降低价格，实现商家、农民、消费者的经济利益共赢。

二、农村电子商务对区域的影响

（一）农村电子商务对个人的影响

最近几年，电子商务的发展速度超出了常人的想象，它波及的范围越来越广，电子商务已经不是城市的代名词，它在农村也生根发芽，农村参与电子商务的各个环节也享受着它的便捷。农村的消费者要想搭上便捷的快车，还必须对自己提出严格的要求，不仅要了解有关这一新的经济的基础知识，还要熟悉交易平台的规则，实现无障碍的购物。所以消费者只有不断地学习和更新知识，才能满足时代的发展。农村的消费者也可以实现足不出户，多层次地获取相关的信息，在家中轻松完成购物，并利用网络快速地完成交易环节，无形当中会使消费者对服务的满意程度大大地提高。

（二）农村电子商务对企业的影响

农村电子商务的应用对企业最大的影响就是使决策更加规范，之前一些不规范的决策被电子商务系统完全取代。借助电子商务系统，管理者的决策也发生了前所未有的变化，管理者更多地倾向于非结构化决策。这种决策能给消费者带来很多的好处，管理幅度与管理层次都发生了显著的变化，最终实现企业想要的效果，管理的最优化呈现在了管理者面前。在今天如火如荼的农村电子商务市场，网络成为农村企业内部信息交流的主要工具，也是外部信息交流的一个窗口。信息的主流模式也发生了变化，由之前的"一对一""一对多"转化成了"多对多"，一份业务报告可以同时实现多个上级和多个部门的协同。业务的范围也会更加广泛，由之前的区域转变成了跨区域、跨国界等特点，对从事农村电子商务的企业也提出了更高的挑战。农村电子商务企业面临的是顾客需求和购买行为的全新变化。企业要转化之前的思路，更多地依据现实客户的变化而变化，重新设计和优化消费者的购物流程，改变之前针对消费者的传统经营运作方式。

（三）农村电子商务对产业的影响

农村电子商务的发展是农村急需拓展产业的产物，在区域的信息产业逐渐没有障碍的今天，产业的服务信息显得尤为重要。这对区域的产业提出了更高的要求，小到影响一个区域的产业布局，大到影响一个国家的经济结构的调整。我国农村市场上农产品的种类多，地域分布广，每个地区都有类似的区域特色，时而会出现产品滞销的问题。在没有互联网之前，农户处于信息流的弱势，不能实现有效的信息对称，销售困难，农产品滞销。随着农村电子商务在农村的推广，农户可以足不出户，利用互联网的工具了解市场的最新需求，获取自己想得到的相关服务信息以及在线技术支持。这样就可以将之前松散的、低效能的组织转变为新型的农村电子商务组织，这个组织包含了生产、加工、储存、运输、销售等功能。农村电子商务发展对新时代的农民提出了更高的要求，农民对接受知识的内容、形式、手段都有了不同的认识，这种鲜明的变化所带来的是农民的转型，也会促使公共服务行业高效统一。

（四）农村电子商务对政府的影响

农村电子商务的发展对政府职能部门也提出了更大的考验，对政府相应的管理行为也提出了新的挑战。参与农村电子商务的已经不是简单的交易双方，它涉及农村电子商务的各个环节。经过梳理发现，农村电子商务的发展仅靠政府其中的一个部门是远远不够的，而是需要多部门的联动。涉及的部门众多，需要协作主导，这就需要有政府部门来主导此事，那就需要有法律来做依托，以及政策框架发挥强有力的综合协调功能。农村电子商务的发展给政府管理带来新的挑战，政府要从宏观和微观上双重把握，根据农村电商环境的变化适时调整管理策略，使农村的经济发展实现跨越式的发展。

三、区域环境下农村电子商务应用

（一）内容分析

1. 区域环境下"多维嵌套"式农村电子商务应用现状与可行性调研。主要包括：农村电子商务应用基础设施建设现状，农村电子商务第三方网络平台现状，农村电子商务物流平台现状，农村电子商务金融平台现状，农村电子商务人才现状，区域环境下农村电子商务应用可行性。

2. 区域环境下"多维嵌套"式农村电子商务需求分析。主要包括：农业生产对电子商务的需求分析，农业生活对电子商务的需求分析，农村劳动力市场对电子商务的需求分析，新农村建设对电子商务的需求分析。

3. 区域环境下"多维嵌套"式农村电子商务应用思路与步骤。主要包括解决农村电子商务应用困境的"上下联动、内外结合、大小结合、跨区域合作、村校合作、村企合作、村专合作"建设思路，以及基于该思路下的规划、分析、设计、实现、保障的建设步骤。

4. 区域环境下"多维嵌套"式农村电子商务应用特性研究。主要包括：农村电子商务构建的区域性，农村电子商务构建的合作性，农村电子商务构建的层次性，农村电子商务构建的服务性，农村电子商务构建的支撑性。

5. 区域环境下"多维嵌套"式构建对策研究。构建对策概括为：一个环境，一批人才，两个区域，两种机制。一个环境是指营造农村电子商务的硬件环境，一批人才是指培育本地化电子商务人才，两个区域是指建立农村网商创业园区和培育农村电子商务示范区，两种机制是指农村电子商务工作运行机制和农村电子商务发展专项扶持机制。

（二）方案设计

维度一，资源与资源支持匮乏型区域。对农村现有资源进行分析，适用于现有资源较匮乏、行政资源接入较少区域。使用已有成熟的市场化的电子商务平台，采用"农户+网络+公司"模式，让农户成为网商直接对接市场，依靠"典型网商"销售模式进行裂变、复制、扩张。这种模式具有简单、灵活、易操作、易传播的特点，但同时也有它的局限性，例如，分散、缺乏规范等。

维度二，资源优势明显型区域。适用于自身已形成较为成熟的优势资源，利用网络平台进行辅助销售。采用"农产品连锁企业＋农户＋多网络＋公司"模式，该模式利用已经形成的自身优势资源，例如，特色产品超市、连锁店等，将优质产品带进城市，为农户提供可销售的实体网络。同时利用虚拟网络平台建立基于区域特色产品的电子商务平台，结合分散的农民网商，形成实体网络、专业农产品平台、分散农民网商相结合的多网络产供销体系。促进农业发展，提高农民自身知识水平。这种模式具有分散整合、保证传播、平台共享、资源共享、虚实结合等特点。

维度三，行政资源支持丰富区域。适用于自身就具有较为丰富的资金、行政支持区域，可开展自建或合作建立区域自己的特色电子商务网络平台、农村信息社区、农村电子政务。采用"政府＋企业＋农户＋多网络＋公司"模式，该模式充分利用自身丰富的资金和政府有力的行政支持。将农村电子商务、农村信息社区和农村电子政务联系起来。搭建线上与线下、政府与企业、企业与农户、农户与公司、虚拟与现实的多角色多网络的交易环境，将区域、资金、政府优势充分融合，开拓农村电子商务更新更高的局面。这种模式具有多项整合、政企联合、农企联合、多平台、高度共享等特点。

四、以区域为核心的农村电子商务模式发展

（一）相关政策的支持

我国农村电子商务的发展离不开政府的支持是众所周知的事实，而政府该

如何发挥作用是研究的重点。经实践发现，以区域为核心的农村电子商务模式发展战略中的相关政策支持，需要从政府的扶持意识和能力上抓起。在扶持的过程中，政府要严格落实"不缺位、不越位"规定，不能越俎代庖。即为农村电子商务的发展环境提供良好的条件，不能越过农民的意愿和市场的需要进行不必要的干涉；应根据市场调查结果，制定出详细而科学的政策文件，指导农村电子商务发展。另外，政府要相信农民和市场都具有自我调节的能力，政府只负责支持和监督。但是对于那些市场失灵，农民不能自主解决的问题，政府则要严加干预，发挥政府职能，发挥政府强大的调节能力，帮助农民解决问题，推动新农村建设，维护广大农民的切身利益，为我国的农村电子商务发展提供公共服务，促进我国区域性农村电子商务的健康、可持续发展。

（二）"播神火"和"接地气"——体现农村电子商务强大的包容性

为了有效地体现出农村电子商务强大的包容性，需要从"播神火"和"接地气"谈起。"播神火"是指政府鼓励和促进、大力传播自下而上的农村电子商务发展模式，旨在为我国的农村电子商务的发展营造良好的学习氛围和政策环境，以便促进我国农村电子商务的健康、可持续发展。而且农民在参与电子商务过程中，政府帮助农民解决自身难以解决的问题，保障农民的切身利益，维护市场稳定。"接地气"是指政府辅助在农民实现电子商务发展中起到促进作用，将亿万农民的切身利益落到实处。

（三）创新区域性农村电子商务发展模式且全面提升相关工作人员的综合素质

创新是发展的不竭动力，因此，根据现代社会的发展特征，积极地创新农村电子商务发展模式。另外，长期以来，由于我国农民的科学文化素质还比较落后，农民对电子商务的认识存在一定的偏差，往往使得农民在从事电子商务的过程中出现许多问题。比如很多农民不敢轻易尝试，致使我国农村的电子商务发展相对滞后。因此，需要通过各种各样的方式全面地提升相关工作人员的综合素质，纠正他们的认识偏差，使得农民可以借鉴成功的案例，端正自己的人生态度，并且增强他们的社会责任感，从而为推动农村电子商务健康、可持续发展保驾护航，从而帮助更多的农民走上农村电子商务的创业致富之路。

（四）构建完善的电子商务市场化网络平台

利用多媒体技术、互联网技术、现代管理技术、云计算技术等优势，构建完善的电子商务市场化网络平台，促使农民自发在淘宝、拍拍等市场化的交易平台进行产品交易，减少中间流通环节，实现网络平台的开放性。根据市场变化，及时地调整相应的信息，而且任何人都可以在这种市场交易平台开店，进行销售、交易等，基本上满足消费者的所有需要，拓展农产品的营销范围。另外，可以自动生成信用机制，交易双方都需遵守支付安全体系并有安全支付绑定。重要的是，网络市场化平台产生了空前的人气凝聚，交易双方、服务方等都归纳在一个庞大的体系之中，简化了农产品营销流程，农民可以根据人气指数调整产品的销售方式和销售价格，促进交易额的上升，从而全面地提升农民的经济收益，并且能够有效地解决"三农"问题。我国现有的以区域为核心的农村电子商务模式有 A2A 模式、A2B 模式、B2A 模式。与此同时，只有不断加强相关政策的支持，体现农村电子商务强大的包容性，创新区域性农村电子商务发展模式且全面地提升相关工作人员的综合素质，构建完善的电子商务市场化网络平台，才能有效地推动我国农村电子商务的健康、可持续发展。

第四节 电子商务与农村经济社会转型

一、经济社会转型视角下的我国农村电子商务

（一）农村经济社会转型与新农村建设

1. 农村经济社会转型

我国正处于经济社会转型过程中。在我国当代语境下，简言之，经济转型，一般指的是我国经济资源配置方式由计划经济向社会主义市场经济转变、经济发展方式由粗放型向集约型转变（或简称"两个根本转变"）的过程；而社会转型，指的是中国社会由传统社会向现代社会的转化过程。必须强调指出，对于中国经济社会的现代化转型，我们的认识经历了由传统工业化向新型工业化的转变。

有研究者曾将我国社会转型的内容归纳表述为：从传统社会向现代社会、从农业社会向工业社会、从封闭性社会向开放性社会的社会变迁和发展，或表述为从农业的、乡村的、封闭半封闭的传统社会，向工业的、城镇的、开放的现代社会的转型。这种转型包含了社会结构的转型、社会运行机制的转型和社

会价值观念的转型三个方面的内容。在以上观点中，工业化、城镇化以及改革开放带来的市场化、国际化，成为实现中国社会现代化转型的必经之路。

然而，中国社会的现代化转型与发达国家不同，我们是在工业化任务尚未完成的情况下，便已经置身于全球信息革命的时代。如何理解信息化的历史要求，如何处理信息化与上述"四化"，特别是与工业化的关系，是我们不可回避的战略性问题。在信息革命时代，信息通信技术在中国经济社会转型中，也必将发挥越来越重要的作用。信息化不仅涉及手段，而且关涉目标。国家业已提出"五化并举""两化融合"和"两化深度融合"的战略方针，这是我们在当今信息化的时代推进中国经济社会转型的必然选择。

"五化并举""两化融合"作为覆盖国家发展全局的战略任务，当然也适用于农村。不仅如此，从城镇化、工业化的某种角度上看，"五化并举""两化融合"更是农村经济社会转型的任务。农村的经济社会转型是整个中国经济社会转型的基础。

2. 农村转型与新农村建设

涉及"三农"的信息化，本身包含了非常丰富的内容。涉农电子商务也会从多层面、多角度发挥助力农村经济社会转型的作用。虽然人们对涉农信息化，包括对涉农电子商务与农村经济社会转型之间关系的研究刚刚开始，还有待深入，但从理论界到实践者，相关研究成果已开始出现。

（二）我国涉农电子商务新发展阶段的特点

在我国，基于互联网的涉农电子商务发展时间并不长。1994年12月，我国最早提出并投入建设的"金农工程"，按当时的设计，还是一种依托数据通信专线建立的、连接国内和一些国外农业信息数据库的农业综合管理和服务信息的专用网。此后，随着互联网技术和电子商务应用的发展，人们开始利用互联网开展涉农电子商务的探索，其主要标志就是在政府主导和大力推动下，一大批涉农电子商务网站从无到有地发展起来。

进入 21 世纪，国家对解决"三农"问题更加重视，不断加大对"三农"发展的支持力度，包括对农业农村信息化建设的资源投入力度，全社会对"三农"发展的关注度也在不断提高。特别是近年来，有越来越多的迹象表明，我国涉农电子商务在总体上已开始进入一个新的发展阶段。其主要表现有以下三个方面：

1. 由以往政府主导向多元主体联合驱动发展

从总体上观察我国涉农电子商务的发展，一方面，政府各涉农主管部门仍一如既往或更加大力推动涉农电子商务。另一方面，特别是在近年，有更多的企业，包括通信运营商，电子商务平台服务商，信息技术解决方案提供商和其他非政府机构、组织，在涉农电子商务，尤其是自下而上的涉农电子商务发展中，发挥着越来越明显的作用。

2. 由长期徘徊于信息服务向交易服务深化拓展

涉农电子商务交易的实现，不能离开信息流，但也不能仅靠信息流。除信息流外，它还受到交易产品本身特性、成本、利润、批量、物流、支付等诸多因素的影响。由于种种主客观条件的制约，多年以来由政府主导的涉农电子商务一直主要徘徊于信息服务，很难进入和完成实际交易过程。

然而，我们近年在农村大量实地调研中欣喜地发现，随着涉农电子商务条件逐步趋好，各地从事涉农电子商务交易服务的探索也日渐增多。不仅依托市场化第三方平台，涉农电子商务的在线交易越来越多地得以完成，而且包括一些原来长期从事农村电子商务信息服务的主体，也开始探索向在线交易进军。

3.由原来侧重涉农电子商务的经济意义转向助力农村经济社会的全面转型

涉农电子商务在实践中有多种发展形式，其主要的驱动主体、发展起点、条件组合、演进路径有所不同。在更多地方的实际发展中，涉农电子商务的起步最初主要是为了满足驱动主体的经济诉求，驱动主体之所以从事电子商务，看重的是它能为自己带来的经济效益。但在其后的发展中，特别在那些发展较为成功的地方，我们看到，电子商务不仅让这些驱动主体、相关的从业者增加了经济收入，还全面改善了他们的社会地位，推动了当地农村经济社会发生了多个方面的变化。

（三）涉农电子商务进入新阶段的主要驱动力

我们认为，涉农电子商务进入新的发展阶段，在其背后，主要有以下3种驱动力联合发挥了重要作用。

一是国家政策。国家确立并持续实施新农村建设战略，贯彻实行了"城市反哺农村"、城乡统筹发展的方针政策。从而，涉农电子商务的发展获得了更多的支持，特别是开展涉农电子商务所需的信息基础设施、交通物流条件等进一步得到改善。

二是市场环境。近年，社会化、市场化的各类电子商务平台的发展日趋成熟，电子商务服务业有了长足的进步。

三是用户拓展。中国的互联网和电子商务应用已发展到从城市向农村自然拓展的阶段。通过要素在城乡间的流动，电子商务应用由城市向农村蔓延已成为必然趋势，农村中蕴藏的电子商务潜能也必然越来越多地被激发出来。农村网商中的成功者，为身边乡亲们利用网络脱贫致富，提供了看得见、学得会的示范，如同燎原的星火，正以点带面地吸引着更多农民投身农村电子商务中。

（四）我国涉农电子商务的新进展

近年来，我国涉农电子商务主要在以下方面取得了不同程度的进展：

1. 涉农电子商务的能力建设取得明显进步

政府、企业和其他各类主体以及越来越多的用户，在信息网络设施、信息终端普及、信息资源开发、信息技术手段和应用系统建设、信息队伍建设等方面，持续不断地投入资源。其中包括国家通过"村村通"工程、"家电下乡"和"信息支农"等各种形式进行能力建设，明显改善了包括涉农电子商务在内的涉农信息化的能力。

尽管现阶段我国城乡数字鸿沟仍然存在，但农业农村信息化能力的进步，毕竟为涉农电子商务的发展提供了必要条件。

2. 涉农信息服务成绩显著

在涉农信息化应用中，包括农产品供求和价格信息、市场预警、农业生产资料市场信息和监管信息等在内的，与涉农电子商务，特别是农业电子商务密切相关的信息服务，在政府的大力倡导和支持下率先发展起来。其中，农业部相继建设了农业政策法规、农村经济统计、农业科技与人才、农产品价格等60多个行业数据库。

这些涉农信息资源的开发与信息服务，对涉农电子商务的开展及大量的线下交易，都具有积极的促进作用。

3. 涉农电子商务的在线交易有实质推进

在先行启动大宗农产品期货和现货的电子交易的基础上，近年来，越来越多的涉农经营主体开始利用各种电子商务平台和渠道，开展小宗的农产品和非农产品的交易活动，难以标准化经营的生鲜类农产品的在线交易，也在引起市场主体越来越大的兴趣。

特别值得关注的是，如前面的数据和案例所示，越来越多的农民也开始以不同方式接入某种甚至是同时接入某几种电子商务平台，在线直接销售或促销当地的农副产品与非农产品；也有越来越多的农民以电子商务的方式采购所需的生产资料和生活资料，通过电子支付的方式实现交易。

（五）涉农电子商务与农村经济社会转型

随着涉农电子商务进入新的发展阶段，一方面，涉农电子商务自身在发展中会出现越来越多的新气象。另一方面，它在推动农村经济社会转型方面的作用，也必将越来越多、越来越明显地表现出来。然而，从目前现实情况看，涉农电子商务与农村经济社会转型尽管客观上存在关联，但人们对它的认识尚不充分，在相关政策的安排上也有值得改进之处。

加强对涉农电子商务与农村经济社会转型关系的研究，探索和揭示二者间的规律，立足亿万农民追求美好生活的内在需求，调整和改进相关政策，对于以信息化助力新农村建设，加快我国农村经济社会的转型，是非常必要的。

二、农村电子商务在农村经济社会转型中的作用

在新农村建设的过程中大力发展涉农电子商务,不仅在提高农民收入、促进农村的"两化深度融合"上具有重大的经济意义,而且对于破解"三农"难题,推动农村社会转型,助力社会主义新农村建设目标的实现,具有十分明显的社会价值。

当然,需要指出,农村经济社会转型是诸多因素共同作用的结果,而电子商务只是其中的一个因素。电子商务助力农村经济社会转型,在不同地方、不同案例中也有不同程度的表现,因此不能一概而论。

尽管农村经济社会转型的原因相当复杂,然而,电子商务在推进农村经济社会转型中的作用依然是可以观察到的。这里,我们从以下方面归纳讨论电子商务助力农村经济社会转型的作用:

(一)改变农村从业者传统的社会身份

通过在网上开店持续从事电子商务经营,越来越多的村民放弃了几千年来"面向黄土背朝天"的劳动方式,改变了他们原来"日出而作,日落而息"的生活方式。他们用鼠标、键盘代替了锄头,按用户网络购物的时间调整自己的作息表,足不出户地在网上做生意,以网上订单组织生产和销售活动,从而通过经营活动的变化,改变了他们传统的社会身份。

一些经营规模快速成长的农村网商,通过雇佣关系,变身为老板。农村网商给城里人和知识分子发工资已不再罕见。有的网商雇用了很多当地和周边的农民,像城市的大工厂一样,上下班需要打卡。

（二）提高从业者和相关农户的经济收入

在涉农电子商务取得实质发展的地方，当地从业者的收入水平明显提高了，相关参与者的经济生活也发生了巨大变化。

（三）提高农民组织化水平

农村电子商务的开展，有助于改善当地农民和农业生产组织化的状况。涉农电子商务的经营者们，担负着组织和汇聚农民原本分散的买卖需求的重任。他们利用各种不同的经营方式组织农民，或直接、或间接地通过电子商务平台对接市场，从而让原本分散的农民提高了组织化水平。

一是发展了乡镇，尤其是村级的信息点和信息员。农村从业者将自己的经营模式命名为A2A，即区域对区域。其立意就是为突破农民的分散性和低素质限制，用根植村级的加盟信息点和信息员，聚合农民分散的需求，开展涉农电子商务。调研表明，遍布村镇的原有商业、科技、文化、组织等网点，经过必要改造，可以成为发展农村电子商务的有力支点。

二是发展了农村物流。由于自然条件和经济条件的限制，在许多农村地区，物流快递都难以深入覆盖到村。农民分散的需求，使市场化的物流快递经营者拓展其网络覆盖无利可图，快递要到30里外的县城自取，便是这些地方发展电子商务不得不面临的问题。农民网商开始时为了节省快递费用，都是亲自送货到城里物流公司网点的。不过，一旦电子商务营业规模发展起来，物流快递状况便会逐步改善。

三是有助于发展农民专业合作组织。这主要是通过专业合作社和协会等方式实现的。电子商务大大提升了他们专业合作社的营销、生产和管理水平。一些电子商务公司更是专门为农民合作社开辟网上专栏、开展培训，甚至搭建起农超对接、农校对接的平台；电子商务协会起到了组织网商进而组织农民，支持农户特别是青年人网络创业的积极作用。

（四）助力农民返乡创业与就近就业

在我们了解的许多自下而上式涉农电子商务的案例中，各地农村从事涉农电子商务的领军人物和中坚力量，多为有较高文化、较多阅历的"农二代"，他们或在外地接受过较高学历的教育，或有过在大城市、大企业打工的经历，或有过创业和管理的经验。他们选择返乡通过电子商务创业并初见成效后，便引起周围乡亲们纷纷仿效，从而产生一种"滚雪球"的效应，带动更多的人返乡创业和就近就业。农村电子商务的这样一种普及效应，显然得益于农村"熟人社会"特有的有利于知识和技术传播的社会土壤。

农民返乡创业和就近就业，带动了当地经济和社会的发展，使传统的农村显现出小城镇的雏形。其中，服务业的发展扮演了重要的角色。除了返乡人员带回新的劳动方式和生活方式，成为服务业发展的动力，外来人口的进入和落户更是对当地服务业的发展起到直接推动作用。为了满足农民网商外聘和留住高端技术人才的需要，当地政府已将公寓式房地产建设项目纳入电子商务园区规划之中。大量农村打工者返乡创业和就近就业，对于农村富余劳动力就地转化，探索新型城镇化道路提供了新的启发。

（五）改善农民家庭生活质量和农村社会面貌

由外出打工到返乡创业的农村人口，大都是农村中年龄结构、文化结构处于最佳阶段的人群。他们返乡创业和就近就业，不用再背井离乡进城打工，直接给他们家庭生活带来了明显的改善。

现阶段，各地有将近一半的农民外出打工，这使农村形成明显的"空巢家庭""空巢村"现象，老人没人管，孩子没人问，夫妻长期分居，带来了很多社会问题。

现在，随着大量外出务工者返乡从事电子商务，使"空巢家庭""空巢村"带来的很多社会问题迎刃而解。村民家庭生活发生了巨大变化，农村人将现在的生活归纳为"五不耽误"，即不耽误照顾老人、不耽误照看孩子等，一家人在一起一边努力为自己的事业打拼，一边享受着天伦之乐。村镇面貌因此焕然一新，治安状况也大有改善。这不仅有利于和睦家庭、和睦乡里，而且造福整个社会。外出打工者的回归，还为当地农村社会管理和公共事务注入了蓬勃的生机。

（六）提升农民网商的素质和幸福感

农民开展电子商务，毕竟需要克服文化知识、劳动方式乃至思想方式的限制。然而，越来越多的成功案例，纠正了人们关于农民文化水平低不适于从事电子商务的偏见，而且显示出涉农电子商务包容性发展的特征，让越来越多的农民体会到实现人生价值的幸福感。

（七）农村经济社会的"转基因工程"

总之，涉农电子商务助力农村经济社会转型的作用，可归结为改变了结构，赋能于"细胞"，转变着"基因"。也就是说，电子商务助力农村经济社会转型的作用，已不仅限于农村经济社会活动的表层，而是改变了其深层结构，并且作用于和体现在农村经济社会的"细胞"和"基因"上。

改变了结构：自农村实行分田到户家庭联产承包制度以来，农民一家一户分散的小生产如何对接大市场，一直存在结构性的不足。农户要么直接对接市场，要么在"统分结合、双层经营"的"公司+农户"机制下，通过"公司"的中介去对接市场。以上两种农户对接市场的方式，都存在明显的信息不对称问题，农户因其信息劣势带来经济和社会地位的弱势是明显的事实。本来"公司+农户"是为了解决农户直接对接市场时遇到的困难而提出来的，在实践中，"公司+农户"的结构事实上并没有真正解决农户市场对接的问题。不仅如此，本应作为农户对接市场中介的公司，却利用自己的市场地位牵着农户的鼻子走，与农户争利，更有甚者，一些公司还在市场上兴风作浪，以致近年出现"蒜你狠""豆你玩"以及后来黑龙江五常大米"卖难买贵"和"霸王订单"等现象，扰乱了正常市场秩序。

涉农电子商务的发展，通过"网络"的介入，打破了"公司+农户"信息不对称的结构，为农户了解和把握市场变化、克服信息弱势，提供了一种新的可能和现实手段。他们既可以不通过传统公司的中介而直接对接大市场，也可以因掌握了更多的信息，在与中介公司打交道时有了更多的话语权。

赋能于"细胞"：电子商务的赋能，对于作为农村经济社会"细胞"的农民网商来说,已不再是一个外生的因素,不再是政府或 IT 公司推送给他们的可有可无的东西,而已经成为他们根据自己内在的需求主动选择所形成的劳动方式和生活方式。电子商务与这些农村经济社会的新"细胞"已经不可分离。

转变着"基因":电子商务的赋能影响之深,正在转变着农村经济社会发展的"基因"。它让农民网商及身边越来越多的乡亲们,收获到其祖辈从未有过的信息化带来的感悟。在实地调研中,我们经常会为那些掌握了现代电子商务能力的农民网商的自信而感动。他们的感悟和自信,代表着信息时代我国农民新的发展观、资源观和价值观。

第五章 农村电子商务的发展问题及策略

虽然在当前大数据迅速发展的大前提下农村电子商务得到了快速的发展，但是在这一发展过程中也还存在着一些问题。因此，农村电子商务要想得到快速的发展，需要借鉴国内外先进的农村电子商务发展经验，寻找本身存在的问题，进而提出具有针对性的解决策略。

第一节 农业电子商务发展的经验与启示

在农村电子商务得到发展的这些年里，国内外为了提高本国、本地区的经济实力，都对其进行了探索，总结出了一些具有普遍性的经验与启示。

一、国外农村电子商务发展研究

（一）国外农业电子商务应用发展现状

1. 美国农村电子商务的发展

在美国，农村信息技术基础设施的建设一直都很受重视，互联网在加速农业信息技术传播中的重要作用更是备受关注。美国农民在互联网上主要进行信息收集、农产品销售、网上采购和财务管理等活动。2003年至今，美国农业电子商务交易额平均每年增长近25%，增速远高于同期零售额6.8%。

在过去 20 多年里，美国政府持续加大对农村地区网络基础设施的投资和建设力度。据推测，至 2023 年，美国农场中配备互联网接口的比例已显著提升，已超过 80%，反映了互联网接入在农村地区的广泛普及。同时，拥有个人电脑或能够访问电脑的农场比例也相应增加，可能已接近或超过 70%，这表明信息技术在农村农业中的应用越来越广泛。在美国，高速上网逐步在农村得到普及，光缆、数字用户线路、无线上网和卫星越来越普及，数字用户线路上网人数已达到全部网民的 27%，光缆、无线上网、卫星的比例也增长到了 7%，而使用拨号上网的比例则下降到了 47%。在美国，互联网技术就像收割机一样，已成为农民生产和生活中必不可少的重要工具。美国农业电子商务平台发展迅速，涵盖农产品、农机、肥料、农产品竞价和农业金融等各个方面。农业电商 Local 成立于 2003 年，主要从事农产品的在线交易、农业超市和农场管理软件的推广等业务，目前已为美国 30000 个家庭农场和农场超市提供服务。

经过多年的发展，美国农村电子商务有了统一的标准和完善的制度，形成了一套健全的体系。

2. 加拿大农村电子商务的发展

加拿大农业信息体系完善，电子计算机、互联网等现代信息技术广泛应用于农业生产与农民生活中，政府、企业、协会和高等院校等部门共同参与建设，形成了多层次、多元化的信息服务体系。

加拿大农业信息采集渠道主要有以下七个：一是组织农场主、协会和企业等召开研讨会，交流意见和建议。二是从互联网上搜集信息。三是从报刊上获取信息。四是向政府相关部门采集信息。五是向农业协会采集信息。六是从专家库获取信息。七是通过问卷调查收集信息。加拿大农业信息中心将搜集到的信息进行整理、分类并入库。

加拿大农业信息服务方式主要有以下几种：一是创建农业网站，发布信息。二是向农民发送电子邮件。三是向农民传真或邮寄资料。四是设立免费咨询电话，答复农民提出的问题。五是指派专家解答农民咨询的问题。六是组织农民进行培训，教会他们获取信息、整理信息和使用信息。

3. 日本农村电子商务的发展

日本农村电子商务发展模式也值得我们借鉴，日本在农村电商发展的过程中，比较突出的就是政府的作用。一方面，日本政府高度重视农村电子商务的发展，制定了较为详尽的农村电子商务市场准则和农业信息化发展策略，并投入大量的资金支持农村基础网络设施建设，建立大批农业研究机构，并无偿地向农民提供现代信息服务，政府还对农民加入电商发展的行列予以鼓励和资助，从而促使日本的农产品电子商务快速发展。另一方面，1997年日本政府就已制定并颁布了生鲜食品电子交易的标准，主要包含产品的订货、发货、结算等交易标准，对日本各地区的农产品交易市场进行了电子化的改革，使交易双方在了解产品的规模和数量上就可以掌握农产品的其他信息，有效地节约了交易成本。此外，日本农协发布了全国1800个综合农业组合中各种农产品数量和价格预测系统，通过这个系统日本农业生产者可以清楚、便捷地了解到国内外农产品市场的交易信息，从而可以针对性地调整自身生产的农产品种植类型和交易价格。强大的计算机和网络通信技术，使日本农业情报系统网络逐步完善，农户可以随时随地地查询农产品市场信息、天气状况、农产品生产技术等信息。同时，日本电子商务行业还积极地致力于对农户进行计算机应用培训。针对国内老龄化问题，政府还适时地开发了利于老年人使用的电子商务交易界面，使日本的农产品电子商务迅速发展壮大。

此外，日本的农业协同组合网站能全面介绍日本各地的农产品，从产品特征到栽培技术，从农业机械设备到市场行情信息，都能足不出户地从该网站获取。日本农协设在各地的事务所还可以送货上门，服务到家，极大地方便了当地农民，这与我国分布在农村的各个电商服务网点有着异曲同工之妙，我们可借鉴其服务的模式。

4. 韩国农村电子商务的发展

韩国的网络基础设施非常发达，宽带普及率居世界领先地位，农业信息化水平也很高。2000年，韩国农林水产信息中心就开始建设电子商务平台，以推动农产品网上交易的发展，到2004年，已建成五个粗具规模的农业电商平台。该中心还免费对农民进行电商知识培训，教会农民如何申请自己的主页，并在上面发布产品信息、与买方沟通，农民逐步掌握了交易的主动权。2006年，韩国农业电子商务实现交易额20亿韩元。2009年，韩国政府设立了农水产品电子交易所，该交易所经过数年的发展，已成为韩国交易量最大的农产品B2B平台之一。截至2022年，该交易所的交易量可能已实现了大幅增长，不仅在国内市场占据重要地位，还可能在国际农产品贸易中发挥重要作用。Kgfarm是韩国B2C农业电商的典型代表，最初有三种运营模式，即民营、政府运营和政府委托公共机构运营。Kgfarm也在大型综合电商平台开设网店，消费者在Kgfarm上可以获取农产品信息，进行网上交易。

（二）国外农村电子商务的特点

1. 农业信息化服务网络普及

计算机和互联网的全面普及，是发达国家农村电子商务快速发展的基础和保证。在这些国家，农村信息通信的基础设施得到了完善，计算机网络也随之发达。这些先进的计算机通信网络使农村生产者能更及时、准确、完整地获得市场信息，有效地减少了农村生产经营的风险。

2. 农村电子商务向专业化方向发展

目前发达国家的农村电子商务正向着专业化方向发展，已有电子商务平台根据其市场和用户定位不同，可以分为信息咨询和电子交易两大主要类型。前者的目标是实现市场信息的网络化传播，以提供农村市场信息、农村生产咨询信息等内容为主。后者的目标是实现农村商品交易的电子化，以农产品、农村生产资料和农村服务的网上交易等内容为主。农村电子商务的专业化发展，使农产品的生产、加工、流通等过程日益精细，操作方式也大大改进，促使农村现代化经营水平不断提高。

3. 农村电子商务的全程化服务

随着信息化在农村的深入发展，农村电子商务的影响不再局限于某一独立的生产过程或单一的经营环节，而是渗透到农村生产经营的整个阶段。在这个过程中，农村企业或农户对商务信息的需求越来越强烈，对信息及时性的要求越来越高。农村电子商务的全程化服务，有力地促进了农村产业结构的优化调整，改善了农村生产经营中的薄弱环节，使发达国家农村的原有优势得到更充分的发挥，而且使其原有的劣势逐步改善以至消失，极大地增强了发达国家的农产品在世界市场上的竞争力。

二、国内农村电子商务发展模式比较研究

（一）我国农村电子商务典型发展模式及其特征

农村电子商务是指发生在农村地区的电子商务活动。近年来，随着信息技术的不断创新，我国农村电子商务也步入高速发展期，交易额逐年上升，各地涌现出了多种多样的农村电子商务发展模式。

1. 浙江遂昌模式

由于"九山半水半分田"的自然条件，遂昌生态环境虽优越，但工业化程度比较低，农产品品质好，但始终面临散、小、弱的规模劣势。2005年至2010年，遂昌县开始出现零星销售土特产的网店。2010年3月26日，在返乡创业的潘东明的大力推动下，遂昌网店协会（以下简称遂网协会）由遂昌团县委等政府机构和企业共同发起成立，并开展了一系列公益培训。遂昌从事土特农产品电子商务的网商数量迎来了短暂的"井喷式"增长，增长到近千家。但好景不长，大多数的网店陷入了经营的困境。2011年3月，潘东明总结了问题背后的深层次原因后，发动遂网协会部分理事，筹资成立遂网电子商务有限公司（以下简称遂网公司）。遂网公司和遂网协会有机结合，旨在建立和完善农产品电子商务产业链的分工协作机制。截至2013年底，遂网协会共有会员1600多家，其中网商会员1400余家，供应商会员200余家，服务商会员近50家，为城乡中青年群体提供了近5000个就业岗位。2013年5月，遂昌又创建了浙江赶

街电子商务有限公司，在村里建立"赶街"电子商务服务站。通过为农民提供本地生活信息、电子商务和农村创业三大便民服务，将电商触角根植于广大农村。

2. 江苏沙集（东风村）模式

位于苏北徐州市睢宁县的沙集镇，其主导产业的发展历经了养猪业、废旧塑料回收加工业、简易拼装家具电子商务三个阶段。第一阶段：2006年，东风村的年轻人孙寒从县移动公司辞职，返乡开起了第一家网店，从事简易拼装家具的网络销售及加工，自产自销拼装家具。第二阶段：2007—2009年，凭借脱贫致富的内在动力和长期在外务工形成的经商文化，加之家具产业较低的技术壁垒和资金壁垒，村民自发的简单模仿复制开启了东风村网销家具时代。第三阶段：2009—2012年，由于科研院所专家学者的频繁调研和当地政府的重点关注，东风村的涉农电子商务进入了快速成长期，网络销售及加工同时带动了板材生产加工、五金配件、物流、快递等业务的崛起和发展。目前，全镇共有网商4000余家，网店5000余个，家具厂402家，从业人员15300人，物流月出量近4万件、4500余吨。2022年，电子商务产值突破40亿元。相继荣获"最佳网商沃土奖"、"中国电子商务农村创业优秀奖"、"江苏省农村信息化应用示范基地"、江苏省首批"电子商务示范基地"、"中国淘宝村"等荣誉称号。

3. 河北清河（东高庄村）模式

在有"中国羊绒之都""中国羊绒纺织名城"之称的河北省清河县，羊绒的市场占有率是中国的75%，世界占有率的60%。从20世纪90年代起，以东高集团为代表的几家企业开始向羊绒深加工转型,但因销路不畅,最终由于资金链断裂而倒闭。

直到 2006 年,清河县东高庄村的待业青年刘玉国注册了一个淘宝网店销售羊绒裤和羊绒衫,无意间点燃了清河县羊绒电商的星星之火。之后刘玉国主销羊绒纱线,并注册了"酷美娇""玉叶云台""雪玲珑"等品牌,年销售额达到 2000 余万元,成为全县有名的"淘宝大王"。如今,这个近 500 户、人口不足 2000 人的小村庄有 75% 以上的农户开设网店。整个清河县网店数量超过 7000 家,年销售额 15 亿元以上,从事羊绒产业的规模以上的企业有 200 余家,羊绒纱线产品的市场份额达到整个淘宝网的 74%,是全国最大的羊绒制品网络销售基地。2014 年清河县入选"中国电子商务百佳县",同时获评"全国电子商务贸易顺差最大县"第三名,东高庄也成为全国首批 13 个"淘宝村"之一。

4. 山东博兴模式

自 2006 年山东省博兴县湾头村创建第一批淘宝店以来,线上交易已经成为草柳编、老粗布等特色传统产品的主要销售渠道,有力带动了当地村民就业和增收。截至 2015 年 8 月,在山东省的 13 个"淘宝村"和 2 个"淘宝镇"中博兴县分别有 6 个和 1 个,在全省占比分别是 46.2% 和 50%。阿里研究院的统计数据显示,博兴县淘宝网店日均成交 1.37 万单、150 多万元,2022 年全年电商交易额达 500 亿元。依托大企业已建成运行 10 余个电子商务平台,在册淘宝商户达 8374 家,同比增长 160%。直接从业人员 2.7 万人,同比增长 110%。除 8 个电商平台外,还有 85% 以上的中小企业应用第三方电商平台,开展在线销售采购等活动。60多家跨境电商企业实现在线交易额20多亿元，成为电商的新增长点和亮点。

目前博兴县传统产业与电子商务的有效融合，为大众创业、万众创新提供了新空间，催生了新兴业态，创建了就地就业、就近城镇化的有效模式，成为经济转型发展的新引擎。为此，博兴湾头村、城东街道、顾家村、锦秋街道被相继命名为全国首批淘宝村（镇）（共20个）。博兴县先后被评为"山东省农村电子商务试点县""阿里'千县万村计划'农村淘宝试点县""全国电子商务百佳县"。2015年，国务院发展研究中心专题调研博兴县的淘宝村和淘宝镇，形成了"互联网+"博兴样本向全国推广，使博兴电子商务的区域效应和品牌效应扩展并凸显。

5. 世纪之村：兰田模式

兰田村位于福建省南安市康美镇南部。2006年，村党支部书记潘春来出资100余万元创办了"南安市新农民培训学校"，取得良好的效果。2008年，兰田村又创造出一个集信息交流、农村教育、农产品市场、劳务需求、金融服务、村务管理、农村文化建设等为一体的，具有自主知识产权的"世纪之村"农村信息化综合服务平台，被誉为"兰田模式"。

兰田模式采取了一种自下而上的发展模式，由最了解农村的基层干部提出，因地制宜，直指村民最核心的需求，在设计运行机制时，充分考虑所有相关主体，比如地方政府、村"两委"、信息员和村民的直接利益，在低成本中实现整个平台的启动和运营。这种模式是中国农村信息化领域的一种创新型模式，它极大地加快了我国农村信息化建设的进程，缩短了农村与城市信息鸿沟，取得了很好的经济效益和社会效益。

6. 陇南成县模式

地处甘肃陇南市的成县，被誉为"中国核桃之乡"，该县电子商务的发展和县委书记的推动有着密不可分的关系。在书记的带动下，成县涌现了一批通过微博、微信等社会化媒体营销核桃的卖家。在核桃产品热销热卖之后，成县又相继推出系列土特产品全面上线。随后，在陇南市委、市政府的支持和推动下，推进电子商务实现集中发展，短期内取得了突破性进展。

7. 江苏沭阳县"堰下村模式"

江苏省沭阳县是全国闻名的花木之乡，也是全国最大的花木种植地，建有国内最大的干花生产基地，花木从业人员达20万人。近年来，沭阳县借力"互联网+"，依托全县花木资源优势，大力开展网络创业工程，鼓励花农上网和农产品网上直销，形成了助力特色农业，线上补充线下的"堰下村"模式，走出了一条独具特色的电子商务发展路径。

2015年12月24日，沭阳县共有新河、颜集、庙头3个镇获评"中国淘宝镇"，共有新槐村、堰下村、庙头社区等22个村获评"中国淘宝村"。江苏省沭阳县淘宝镇数量占全省的1/4，淘宝村数量占全省的1/6，新河镇成为全国首个实现淘宝村100%全覆盖的乡镇。沭阳县成为全国五大淘宝村集群之一，正是凭着当地淘宝镇、淘宝村特色、电商政策、交通和会场设施、大型活动经验等优势和样本借鉴价值，沭阳县农村电子商务发展情况先后被《人民日报》《新华日报》等数十家主流媒体专题报道，并成功获得2016年第四届淘宝村高峰论坛举办权。截至2023年，述沭阳县网商数量已达4.5万余家，年网上销售总额达275多亿元，快递发件量达6.07亿件，间接带动从业人数超过30万人。

阿里统计数据显示，沭阳县农产品线上交易规模位居全国前三位。该县堰下村也以整齐的村庄建设、优美的环境先后荣获"江苏最美乡村""全国绿化先进村""全国首批'淘宝村'""江苏省电子商务示范村""江苏省三星级'康居乡村'"等荣誉称号。

8.吉林通榆模式

吉林省通榆县是国家扶贫开发工作重点县，总人口36.4万，其中贫困人口10.3万。自古以来，通榆拥有优质天然弱碱沃土，是世界公认的杂粮杂豆黄金产区之一。除了有"葵花之乡""绿豆之乡"的美誉，通榆还出产杂粮杂豆、打瓜、牛羊肉等特色优质农产品，但农产品商品化程度颇低。2013年末，在当地县委、县政府的鼎力支持和深入参与下，通榆县组建了"通榆农产品电子商务发展中心"，并在天猫上建立了"三千禾旗舰店"，实行"统一品牌、统一包装、统一标准、统一质量"，将通榆农产品进行品牌化网络销售。

经过两年的发展，目前以"原产地直供"为核心理念，以"政府背书＋基地化种植＋科技支撑＋营销创新"为主要特征的"通榆模式"，既满足了各方的价值需求，也带动了县域经济的发展，得到了业界的高度认可和社会的广泛关注。

（二）比较与思考

综观我国八种农村电商典型发展模式，从中可以发现，近年来农村电子商务如"雨后春笋"般蓬勃发展，全国范围内涌现出了许多成功发展案例，实践成果丰富。分析其模式布局及基本特征，可以看出，目前，就全国农村电子商务而言，主要存在两种不同形式的农村电子商务：一种是以"浙江遂昌模式"

"陇南成县模式"为代表的自上而下的发展模式，它主要靠政府主导、国家投入、官办平台、自上而下发展。另一种是以"江苏沙集模式""江苏堰下村模式"为代表的自下而上的发展模式。它主要以市场驱动、市场主体自主投资、市场化电商平台自下而上发展。其基本特点具有"四新"：新的交易模式、新的交易主体、新的交易理念、新的市场生态。在发展过程中，这两种农村电子商务发展形式并存，各具优势，但都存在弊端。两者相互促进，但又各自为战，这种状态直接影响着我国农村电商的长足发展。

为此，如何将这两种农村电子商务发展模式有机地融合起来，形成了一个全新的、良好的推进机制，已经成为各级政府和专家学者研究的焦点和热点问题。

三、国外农村电子商务发展对我国的启示

国外发展农村电子商务的成功经验，对我国现代农村建设具有重要启示和借鉴作用。

（一）加快建设农村信息网络基础设施

加强农村信息资源的开发和应用与发达国家相比，我国农村的信息化基础设施建设仍较缓慢，东西部地区信息化发展水平也不平衡，网络应用受到一定限制。根据实际情况，我国应以农村信息化项目建设为切入点，通过"金农工程""三电合一"等项目建设，加强农村信息网络基础设施、信息资源与平台、信息技术等硬件环境的建设，扩大农村信息网络覆盖范围，提高农村的信息化程度，为发展网上农村商务信息服务提供保障。

（二）加强改善网上农村商务信息

加强和改善网上农村商务信息是加快农村电子商务发展的重要内容，政府必须重视此项工作，从政府投入、法律法规、保险、科技体制及成果转化等方面来促进其发展。借鉴发达国家经验，我国应逐步完善信息服务市场的法律法规、信用体系建设，制定一系列制度性和运行性规则，约束市场各方面的行为，促进市场的有序发展，并注重依法保证信息的真实性、有效性及保护知识产权等。建立适合我国国情的农村信息市场，建立和完善农村保险体系，通过实行农村保险制度，规避农村风险非常必要；加大对关键农村技术攻关和成果转化上的投入；建立丰富的信息资源库，挖掘多种网络和渠道资源，构建农村信息化保障机制。

（三）加强农产品物流体系建设

建设完善的物流体系，能够提高电子商务的效率与效益，从而支持电子商务的快速发展。发达国家的农村电子商务，不仅有专业化的电子服务平台，而且农产品物流服务的社会化程度也很高。我国农产品生产分散，规模小，流通效率低，应逐步建立起以信息技术为核心，以储运技术、包装技术等专业技术为支撑的现代化农村物流体系，促进农村电子商务发展。

（四）完善农产品信息标准化

建设电子商务的一个重要特征就是商品的信息标准化，我国农产品在信息标准化建设上相对滞后，制约了农产品网上流通的发展。为了适应农村电子商务发展的需要，引导我国农产品更好地走向世界，应加快信息标准、规范和信息立法工作，政府或行业机构应联合科研机构、涉农企业、农村合作社等部门，完善农产品质量等级、包装规格、交易结算等信息标准体系，以更好地实现农产品的电子交易。

（五）促进农村信息服务主体发展

多元化发展农村市场主体对信息的需求多种多样，要求有多元化的信息服务主体，在服务内容上有所侧重。发达国家的农村电子商务已迈向专业化轨道，我国应借鉴其经验，并结合农村生产比较分散、信息化程度不高的现状，鼓励在农村电子商务网站建设中引入多元化投入机制，提倡由专业的第三方服务提供商根据市场需求建立专业化的农村电子商务服务平台，明确用户群体，有针对性地开展网上农村商务信息服务。

发展农村电子商务是社会主义新农村建设的首要任务，是以科学发展观统领农村工作的必然要求，是加快社会主义现代化建设的重大任务。发展农村电子商务，是顺应我国经济发展的客观趋势，符合当今世界农村发展的潮流和趋势。

第二节 我国农村电子商务发展的问题

在农村电子商务发展过程中，不可避免地会出现这样或者那样的问题，比如政府支持力度不足、农村电子商务主体发育不健全以及农村发展自身因素的制约等。

一、政府支持力度不足

（一）政府长远意识不强

目前，国内已有49个地方特色馆入驻淘宝网等第三方电商平台。其中，华东地区的地方特色馆共23个，占比约46.90%。华东地区省一级的地方馆共4个，但目前还没有独立的"江苏馆"，只有"泰州馆"和由"高淳馆"升级成的"南京馆"两个地方特色馆，相比农村电商发达的浙江省有9个地方馆仍有不小的差距。

据统计，淘宝网上交易超过50万笔的"金冠"店铺，10%在青岩刘村。通过与义乌小商品市场的供销联系，青岩刘村与义乌打通了"前店后厂"的产业链条。短短几年，义乌网商目前已发展到3万多家。相比之下，地方政府对农村电商发展还缺少大眼界，长远意识不强，部分农村虽然开展了电子商务的尝试，但由于发展力度、发展手段、发展环境等缺陷，产业的集聚度和供应链整合并不到位，目前还是以小规模、短链条的电子商务模式为主。农村各个地区都拥有庞大的农产品及加工品消费市场，但与之对应的却是农村较落后的"小农户"生产模式。这种"大市场、小农户"的倒挂模式，不仅生产效率低下，而且面对瞬息万变的市场供应和需求信息，农户往往不能根据需求来确定产量，从而导致生产结构调整不及时，供需产生脱节等现象。另外，政府管理和公共服务没有形成一条龙，虽然也有一些商业银行、运输公司进入农村电子商务集群，提供金融、运输等服务，但缺乏供应链服务的整合，很难形成规模效应，制约了农村电子商务的发展。

（二）政府推介渠道有限

在信息社会，品牌、包装、概念是营销的重中之重。打造富有内涵的整体品牌，发掘品牌价值，树立整体形象，是当前我国农村电子商务发展的必由之路。虽然，在地方政府的积极引导和推动下，一些知名网络运营商开始在农村注册公司、申请商标，开展原创设计，但设计思路不够专业，加之当地政府知识产权保护意识淡薄，致使经营仍处在低水平模仿阶段。另外，政府对农村电商的品牌推介手段有限，地方自主品牌没有较高的认知度，产品附加值没有体现出来，产品收益水平受到了较大限制。比如，目前，江苏9000余家涉农电子商务平台中，叫得响的区域性、全国性农产品电商销售平台凤毛麟角，农产品电商亏本运营在行业中比较普遍。以苏州市吴中区的"碧螺春"茶叶和阳澄湖的"大闸蟹"为例，都是全国知名品牌，有相当大的名气。但是，网上销售大多是以个人或个体经营户在淘宝注册网店，这些"电商"和"网店"小、散、弱，缺少地方政府的有效推动和行业整合，没有形成品牌优势，反而鱼目混珠搅乱了品牌的培育和提升。另外，政府主导的行业标准缺失，农产品包装成本持续攀升，生鲜物流成本居高不下，也进一步挤压了农村电商的品牌盈利空间。

（三）相关管理机制不健全

农产品不像工业品那样有专门的质量标准和管理体系，农产品来源于自然的生长过程，产品大小不一，成熟度也各不相同，很难进行统一，在买卖双方之间也就容易产生纠纷。而且要是真的在电子商务交易过程中出现问题想要追究责任，也很难找到责任者。我国虽在2018年通过了《中华人民共和国电子商务法》，但因为上述原因，相关部门在监管和执法中也存在实际困难，还需要进一步细化执行细则。

我国的社会信用体制还没有完全建立起来，部分企业信用度不高，法律意识淡薄，农村电子商务的发展存在一定风险。由于网络传播信息的速度非常快，一旦产生纠纷，隐私被故意泄露，就会产生不可估量的影响。统计数据显示，我国网购投诉主要集中在合同、售后服务和质量问题等几个方面。发生纠纷后消费者和交易者之间无法直接见面，部分商家甚至对消费者的投诉置之不理，不断拖延。出现这类现象的原因主要在于法律法规的不完善，没有建立健全相关的保障和惩罚机制，农村电商经营者的失信成本非常低等。

（四）政府引导力度不足

农村电子商务之所以能够快速发展，其重要原因就是相互模仿、细胞裂变式的发展方式。然而，大多数农村网店没有自主设计能力和独立生产能力，网店商品的样图以复制其他网店为主，产品以客户下单后到其他网点拿货为主，网店自身的创新能力和自主运营能力比较弱。在缺乏政府有效的分类引导下，行业无序竞争必然会带来价格战，一些电商为了聚揽人气、提升销量，积累网店的信用价值，过度依赖于压价来推销他们的产品或服务，破坏了农村电商的整体运营环境和竞争秩序。

以睢宁县沙集镇家具网销为例，在推动电子商务迅猛发展的同时，当地政府的规划和引导没有跟上，导致产品单一、层次较低，同质化恶性竞争较为严重。比如，在设计环节，为了"高效率"推陈出新，无视知识产权、产品专利，不做产品开发设计，直接抄袭仿制，甚至连网页上的展示照片都拷贝盗用；在生产环节，为了降低生产成本，偷工减料、减少工序、以次充好的现象比较普遍；在营销环节，为了扩大销量、提高信用、推广市场，电商竞相压价，大打价格战；在服务环节，为了压缩开支，快递包装简陋，削减客服席位，售后服务不配套、不到位等。

政府规划和分类引导的缺失，导致同质化竞争加剧，不仅损害了农村电商群体的利益，缩减了企业利润空间，还严重削弱了企业的发展后劲，破坏了农村电商的"生态环境"，也给品牌建设带来了负面影响。但从另一个角度看，同质化带来的产品"过剩"，一定程度上也是市场竞争现状下的一种平衡机制，这样可以倒逼品牌出现，带领企业游出中低端的"红海"，创新技术、产品及新营销方式，游向高品质、现代化服务的"蓝海"，政府可以"借力"做强和推广当地品牌，实现真正的可持续发展。

（五）政府经济投入差异明显

相比城市而言，农村地区网络使用的基础条件比较薄弱，尤其是一些西北农村地区，政府投入、地理环境、自然条件的差异，是导致电子商务发展不平衡的重要因素。中国互联网信息中心研究发现，互联网发展程度直接影响着地区经济的发展水平，互联网越发达，则表明该地区的经济水平也越高。比如，苏州在2014年时农村互联网固定宽带覆盖率就已达98.12%，农村家庭宽带接入能力达到8M，农村实现了3G网络全覆盖。与发达的东南地区相比，西北地区政府对农村电商投入相对较少，基础支撑薄弱。虽然地方政府有意推动区域农村电子商务的发展，但受限于政府的财政收入和基础条件得不到有效的改善，整体进展缓慢，不得不尝试较为稳妥而又缺乏特色的电子商务手段，或者干脆任由农户自由发挥，缺少科学规划和政策指导。从农村电商类型看，东南地区政府较为富裕，外出务工人员少，农民整体素质较高，具有一定的加工技术基础，发展特色加工品的电商居多，从事农产品交易的占比较小。比如，扬州的毛绒玩具，常州的复合地板，苏州的刺绣、玉雕、婚纱、羊毛衫等远近闻名，经济附加值高，网点数量及规模都比较适中。而西北地区地广人少，政府的财政能力有限，农村外出务工人员较多，农民收入不高，文化素质相对较低，大多农村电商选择了规模种植养殖和技术含量较低的特色加工。这些区域不平衡问题，已加倍反映在农村电子商务发展上，不佳的发展环境甚至已造成区内现有电商流向发展环境较好的苏南或周边地区，随之也带来了配套生产企业、加工企业以及行业支撑力量的流失。同时，传统农产品生产也会因缺少销路而受到冲击，形成"马太效应"，阻挠我国农村电子商务整体水平的提升。另外，从电子商务数据统计也可以窥见一斑。

二、农村电子商务主体发育不健全

（一）农产品标准化建设滞后

农产品是农村电子商务的主要对象，在我国农业生产过程中，有着诸多的因素影响着农产品的生产。首先是农产品本身因素，像农产品的自身生长周期、生产数量等，还有农产品生长的地理位置、天气等外部因素影响。我国农产品的生产规模小，土地分散经营。据统计，中国的农民大多少于0.5公顷的耕地，破碎成块。与其他国家大规模的农业生产相比，大部分地区农村生产技术条件差，缺少规模化经营，产品品质差异不一，储藏设施简陋，缺乏深加工，对接外部市场存在一定难度。但是电子商务主要是以标准化的农产品作为交易对象，所以对农产品的质量、包装等都有着高标准要求。然而农户的分散经营，使得农业准则很难施行，标准难以统一，导致大量农产品生产过程中的高损耗，同时增加种植成本，不适应深加工的需要。

其次，农业知识不普及，人们长时间专注于提高农产品的产量，导致对农业标准化工作的忽视。这类思维严重阻碍了农业准则意识的普遍增强。因此，诸多农业方面的相关标准仍然没有通过有效的途径向广大农民传播，存在很严重的"形式主义"。

再次，农产品质地监测技术措施落后，难以实现农业标准化的要求。我国农产品的农药残留的问题，也是我国农产品成长的一大瓶颈。所以目前大部分农村农产品生产现状还达不到农产品标准化要求。

最后，农村运输方便快速的物流网络是农村电子商务发展的基础。但当前我国农产品物流配送网络还不发达，农产品配送成本高，我国还需要不断加大农村的物流配送网络建设。虽然通过这几年不断地对农产品物流行业的发展和完善，我国逐步建立起一个较为完备的农产品物流体系，初步形成了关于农产品的一个多层次的流通格局，但是就目前而言，我国建立起的农产品流通体系还存在着一些问题亟待解决。如由于农产品的流通环节众多，在流通过程中，农产品的损坏严重，给农产品的生产经营者带来了很大的损失。

总的来说，我国农业走向现代化发展受到农村农产品物流的不完善和效率低下的严重影响。农村电子商务的发展也离不开完善的物流体系，全力建设农村物流成为促进农村发展的重中之重。

（二）农村网络设施薄弱

媒体曝光某些地方农产品卖不出去的报道屡见不鲜，影响农村经济平稳发展的一个重要原因就是农产品流通不畅。而农村的电子商务网络基础设施薄弱是影响农产品流通不畅的重要因素之一，要保障农村电子商务快速平稳发展的重要前提条件，是建立健全完善农村电子商务的网络基础设施。

首先，由于历史和现实的原因，我国农村网络建设还不够完善。一直以来，国家建设的大部分资金都被投入了城市建设中，农村建设资金本就缺乏，在农村网络基础设施建设上可投入的就更少。近几年来，国家加强了对农村的建设，农村网络设施也一步步地完善。但是，总体而言，农村网络基础设施仍处于较薄弱的阶段，像农产品信息服务点这样的基本网络基础设施还没有在各个村都建立起来。

其次，我国在网络基础设施建设方面各地区发展并不平衡。网络基础设施的建设从东至西呈递减的态势。在经济发展水平高的东部地区，几乎每个村民家庭的家门口已经铺设了各种宽带或者无线上网的基本设施，基本上实现了电子通信和互联网的"村村通"。但是在幅员辽阔的广大中西部地区，农村的网络根本就没有建设起来，城镇互联网络发展比较好，农村网络基础设施落后。

要知道，为农产品生产者提供广阔的销售渠道，提高农民收入，满足农民的物质资料需求是发展农村电子商务的主要原因。中国农村电子商务发展的主要力量是农业生产者。这样一来，位于我国内陆的广大中西部地区农村人口众多，农业生产多，生活在当地的农民迫切需要发展农村电子商务来满足自身需求。建立健全完善的网络设施，尤其是中西部地区农村的网络基础设施，是实现农村电子商务发展和繁荣的根本保障。

（三）农村物流体系不健全

农村分散化的经营，使得农村物流配送受到影响。基于相关的数据调查，对农产品的网上销售造成阻碍的因素中，选择物流的高达30%，在影响因素中位居首位。因此，物流是电子商务中必须考虑的问题。物流业的一个重要分支就是农产品物流。基于对农产品的加工、包装、存储以及运输配送，使得农产品的附加值增加。鲜活性是农产品价值的体现，但是农产品容易腐烂，其保质时间短，因此无论是流通加工、包装还是存储运输的要求都非常高。同时，农产品的不同，要求具有不同的物流设备及运输工具。农产品供应的周期性以及积极性的特征显著，农产品的物流配送工作在农产品成熟时比较繁重，但是不在成熟期时，物流量就会大大降低，这使得农产品物流的运营难度增加。农产品物流虽然已经取得了一定进步，然而就整体而言，水平还比较低。农产品物流成本高，使得农产品价格增加，增加消费者的成本；同时，农产品价格增加并没有给农民增加收入，比如频繁出现"菜贱伤农"的事件，虽然农民获得丰收，然而因为物流成本高，使农民的销售成本增加。因此，较高的物流中间成本使得农村电子商务在实施过程中影响了农户与消费者。农民消费方式同样受到物流的影响。

中国农村区域广阔，人口分散，统一进行商品的配送无疑存在着高成本、高经营风险等问题。当前，第三方物流公司大部分都覆盖到县级，对于比较偏远的乡村则不能顾及。物流配送送货到家的便利条件，部分农民无法享受到，电子商务服务的质量受到限制，从而对农民网上消费的热情起到了抑制的作用。

三、农村电子商务发展自身因素的制约

（一）农民电子商务发展意识不足

农民接受电子商务网络信息化的程度受到其文化水平低的制约。在农村网民中，真正为了获得农业信息而上网的人很少，从事农业的技术人员才会为农业信息而上网，广大农民不能获得信息。这说明，要想帮助农民脱贫致富，实现农业信息化，我们任重而道远。

农村经济发展相对落后，农民学历普遍不高，农民的电子商务意识缺乏，农村网民对网络的认知度不够，这些因素影响了其网络应用。很多农户认为电子商务是个虚拟的概念，在农村大环境下更青睐现金交易，而对电子交易缺乏信任，对网上销售、物流配送的了解更是知之甚少。有人对农村网民上网的主要用途进行了一项调查，发现大多数的农村网民上网只是农民的一种休闲娱乐方式，闲来无事上网看看视频、和好友聊聊天、玩玩游戏等。通过网络来进行电子商务活动的人数特别少，农村网络在农村电子商务的发展上基本没有起到作用。电子商务发展到农村，大多数农民还只闻其名不知其为何物。农民被当面交易的思维束缚，不怎么熟悉"网上购物"的流程，认为网上交易对自己来说是一件天大的难事，同时也害怕网上交易的不安全，这就导致农民普遍不信任网上交易，农村电子商务发展不起来。有调查表明学历与网上购物的比例呈正相关的线性关系。此外，大量的青年农民出门打工，更是加剧了这一形势，农村剩下的大多是空巢老人和留守儿童，不平衡的年龄结构使农村地区对电商接受度不高。农民电子商务意识淡薄成为农村电子商务发展的一大障碍。

（二）农民自身信息化素质不高

虽然，从事电子商务并不需要太过专业的信息技术，只需要懂得简单的上网常识，经过简单的培训，就可以在网络平台购物或者注册网络商铺出售商品。然而，这也并非完全没有门槛的。必须具备基本的计算机常识，让一个完全不知道如何上网、不知道怎样进行搜索的人网上购物比去实体店难得多，而让一个不懂得怎样上网、不懂得怎样拍摄图片、不懂得怎样打字的人开设网店更是天方夜谭。

同时，在日常生活中，只有知道电子商务可以帮助自己找到自己需要的产品，帮助自己的产品找到销路，可以帮助自己活得更好，然后才有可能进行电子商务。然而，不同于城市的网民，广大的农村百姓，由于对网络、电子商务方面接触机会很少，并没有把电子商务的想法融入自己的意识中。很多人仅仅知道有农村电子商务这么回事，可是真正遇到可以使用电子商务的情景时，他们最先想到的仍然是到现实的市场，接受市场中既定的价格。很多时候，在农村市场上，一些商品价格远远高于城市，而农产品的收购价格也往往低得可怜，但是农民们并不知道还有其他的选择，只能接受这个并不是自己主观上愿意接受的价格。传统的生产方式与交易方式的惯性是巨大的，对农村电子商务的影响也是十分强烈的。农村电子商务想要真正发展起来，需要经历和传统思维惯性的较量。

接受新兴的电子商务，同时要敢于进行农村电子商务方面的尝试，方有可能从农村电子商务中获益。这种使用信息技术致富的意识和魄力是开展农村电子商务的力量之源。然而，一般的农民，往往注重稳定，不喜欢改变，更不喜欢承担任何风险,而电子商务本身也是需要资金、时间方面的投入,而产出却是无法肯定的,这就使得许多农民望而却步。第一个吃螃蟹的人是英雄,但是真正愿意当英雄的并不多。

此外,从事农村电子商务,特别是开设网店之后,还需要营销手段等来支撑起这个网店。电子商务是一种销售方式,网店同其他方式的销售企业一样,需要经营,并不是开个店之后就可以放任不管的,粗放式的经营很难在卖家繁多、竞争激烈的网络环境中生存下去。

(三)农村人才匮乏

第一,农村电子商务人才培养不足。目前,国家投入了大量的资源培养电子商务人才,对于电子商务发展扶持是非常大的,但是很多高等院校并没有引起足够的重视,加上师资条件或者硬件资源的限制,导致开设这一专业的学校不多。在开设这一专业的院校中,又由于是冷门专业,很多家长并不希望自己的子女去报考农学方面的专业,所以很少有学生主动报考,但很多学生都是被调剂或者是觉得容易录取才报考。这些学生受所处学术环境或者自身原因的影响,能真正潜心钻研的很少,能学有所成的就更少了。

第二,农村吸引力不足。我国每年都有数十万农学相关毕业生,但是很少有学生会主动到农村基层去工作,主要是因为农村经济发展较慢,交通不便,很多学生来自农村,从小就体会到农村的苦,好不容易考上大学跳出"农"门,自然就不愿意再回到农村去了。同时,国家吸引人才到农村的政策措施也很缺乏,无法保障学生享受和城里同样的待遇与发展机会。

第三,受教育程度较低。长期以来,我国城乡教育差异较大,农村地区受教育群体和层次明显都要低于城市，再加上农村地区互联网等信息技术发展缓慢，导致农村居民中能操作电脑的人很少，懂信息技术的人就更少。农民对电脑接触少，又缺乏人员的培训和引导，更加难接受这样的新事物了。

（四）部分地区同质化竞争严重

所谓的同质化竞争是指具有相同功效或者相同功能的产品，但具有不同的品牌名称，如我们经常使用的洗发水有很多类型的品牌，但是这些品牌的洗发水的功能却都是用来清洗头发。这些品牌大多数具有近似的产品外观，相同的使用价值，互相模仿的营销手段，包装服务方面也因为容易模仿而越加相似。最后的结果就是这些产品基本趋于一致，实质并没什么差别。同质化竞争出现在市场的产品上时即是我们所称的"同质化产品竞争"。

由于现在网络技术的发达，各种信息通过网络可以快速传播。而网络电子商务经营模式由于方式简单，只要能基本操作电脑就能复制别人的经营模式。这样，大多数农民当看到周围有成功的案例，并且盈利丰厚的时候，就会相继模仿。经过一段时间的发展之后，这一地区的网店数量就会大幅增加，但这些网店的产品缺乏各自的特色和品牌，导致同质化竞争加剧，经营商的利润会不断减少。一部分电子商务经营者为了维持自己的收益率，可能会通过降低产品质量来削减成本，甚至可能会有部分商家利用劣质的产品来充当好的产品卖给消费者，欺骗消费者。时间一长，反而破坏了当地积累起来的好名声，对本地的网店的信誉也会产生不良影响。沙集、遂昌在发展电子商务的过程中先后都出现了同质化竞争严重的问题，因此我们要未雨绸缪，在开始发展之初，就要考虑相应的解决措施。

品牌对商品的销售有着非常重要的影响，一旦品牌效应建立，获得消费者认可，消费者便愿意去购买这种产品。但在电子商务发展的初期，很多农民由于自身知识和经历的限制，忽视了品牌的重要性，不注重对品牌的建设，只看到了眼前的利益，认为只要自己的产品能在网上卖出去就行了，却忽视了长远利益。这就需要我们进行正确引导并传播这种思想，让他们认识到品牌的重要性。

第三节 我国农村电子商务发展的策略

本节在对当前我国农村电子商务发展中存在的问题进行分析之后，针对这些问题提出有效的解决对策，如加大农村电子商务的政府支持力度、完善农村电子商务的发展主体、突破农村发展的局限等。

一、加大农村电子商务的政府支持力度

（一）突出宏观指导规划

市场是农村电商发展的主导力量，它将促使农村电商出于趋利避害的自觉，寻求默契与合作，不断创新、主动改变、适应需求。从外部环境看，政府要从初期的"无为而治"，转变为现在的"主动作为"，更加积极发挥作用，顺应发展需要，以"开放融通、兴商惠民"为根本，以创新意识为关键，以信息技术为手段，切实将科学技术转化为生产力。可以成立推进农村电子商务发展的领导机构，协调政府主管部门、涉农服务部门、专业技术协会等，建立

"多方参与、分工负责、合力推进"的资源共享机制。按照科学发展观的要求，依据国家有关加快电子商务发展的政策，研究制定发展农村电子商务的总体规划，有步骤地推动农村企业融入现代流通体系改造，重点建设大型农产品电子商务交易平台，加大对广大农民和农业龙头企业开展电子商务的引导力度。通过深化"电商村"建设，促进电子商务在农村的普及应用，并以适当方式奖励有突出贡献的农村电商发展带头人以及涉农电商企业。同时，加快建设农村地区物流仓储等基础设施，推动电子商务服务业发展，提升美工摄影、技术支持、网店代运的质量，鼓励行业协会等中介组织的设立，进一步营造有利于农村电商发展的市场环境和政策环境。

（二）强化政府职能

首先，政府要尽快制定促进措施。把推动农村电子商务发展作为一项决策性的关键性任务，"十四五"规划将农村电商的发展作为构建农村电商体系的首要纲领、第一目标，以形成农村电商发展的重要数量、过程、质量、规划依据，确立农村电子商务发展的近期、中期和远期规划，按计划、有重点、分步骤地安排实施，加强政策法规建设。

其次，合理布局，完善公共服务配套，破除农村融资难问题。用农村当地已有的优势资源，结合当地实体集团产业分布，利用科学规划方式，充分吸收当地和外地的资源优势，加强合作、拓宽渠道，对将来可能自发形成淘宝村或网络市场的农村地区，给予更大的支持。在以线上销售为主、线下体验服务配套的大趋势下，地方政府应根据当地产业发展需要加大投入，优化有形市场的公共环境，引导电商企业合理制定相关准入门槛，在资金方面，扶持缺乏资金的网商实现共赢，充分调动银行等金融机构加大对农村淘宝的支持与合作，通过制定亲民合理的帮扶方式，重点解决农村缺乏资金的农户投入电商。

最后，积极培育市场主体。充分利用国家发展信息产业和西部大开发、连片扶贫等机遇，结合不同地域农村特色和资源，分部类、分领域，合理有效地推动农村电子商务的发展。强化政府尤其是基层政府的职能和责任，通过财政政策、产业政策、金融政策的激励和扶持，加快推动农村电商的发展，加强政策引导农户树立正确的消费观和购物理念。

（三）加大财政投入力度

要把促进农村电子商务的发展作为政府重大建设项目，建立健全多渠道投入机制。农村信息基础设施的完善程度，决定着农村电子商务发展的前景，也是农村电子商务发展的前提条件。加大网络基础设施、电子支付系统、物流配送体系、安全保障配套建设等方面的投入，建设更广覆盖面、更快速度、更高安全性的网络通信系统，加大现有设备的更新改造力度，扩大农村宽带接入的范围和比重，降低互联网接入的资费水平，提高农村互联网的普及率，从而促进更多农民上网，让"互联网+农村"惠及更多农民创业和置业。针对欠发达地区，农村电子商务发展应实行投入倾斜政策，加大农村电子商务的推广宣传力度。同时，整合党委、政府的资源，统筹规划，整体开发，集约利用财政资金，以项目资助、创业贷款、奖励补贴等方式，有计划地争取和使用各部门的相关资金对农村电商进行扶持。

（四）发挥行业中介组织作用

在电子商务发展过程中，行业中介组织的建设和完善，在加强行业自律、开展业务培训、引导行业发展等方面将起到积极作用。比如浙江省，政府借助电子商务促进会积极开展"万企上网""电商大讲堂"等活动，在优化市场、营造氛围方面发挥了积极作用。作为农村电商自己的组织，电子商务协会在维护电商利益、反映行业诉求等方面也发挥了一定作用，比如，抵制快递企业不合理涨价，商请电信部门提升网络服务等，较好地体现了协会对外协调的职能。大力发展行业中介组织是电商改革的大势所趋，很多政府不便做、不能做的工作，都可以移交给行业组织。一些工作由行业组织出面牵头，成效会比政府出面更好，更利于行业发展。目前，南京、苏州、无锡等地，包括部分区（县）已建立了电子商务协会、电子商务专家咨询委员会等行业中介组织，在承接展会论坛、运营平台项目、开展统计监测等方面起到了积极作用。为此，省政府应着力推动省内龙头企业牵头，成立省电子商务协会，进一步发挥行业协会的积极作用。同时，可在全国范围内遴选一批行业专家，成立省电子商务专家咨询委员会等行业组织，尽快形成行业组织助推发展的内生动力。此外，政府还应积极引导电子商务协会不断发展完善，通过协会加强网商间的协作，在培训、订单、设计、设备等方面实现资源共享，增强网商的主体意识，实现自我管理、自我服务，维护整体利益，避免无序竞争。

（五）加强相关法律法规建设

通常情况下，新事物的出现要快于法律法规制定的建设。自从电子商务出现以来，整体发展迅猛，但也引出了不少问题，这些问题直接或间接地影响到了电子商务的发展与繁荣，其中的许多问题需要通过法律法规进行规范才能解决。同时，法律建设要求有前瞻性。有预见性的法律能够为电子商务的进一步发展提供依据，使电子商务保持健康的发展势头。

农村电子商务在法律、法规建设方面比其他的电子商务的特色更加突出。农村电子商务的特色通常映射到法律法规与监管制度等的需求。例如认定产品等级、验证产品质量是否合格等，而当前这方面的法律法规的建设标准与规范并不能满足农业新产品发展的要求；与此同时，针对农业产品、种苗等网络责任的认定以及追究方面，管理制度以及专门法律依据缺乏。当前农村电子商务不断发展，上述问题日益凸显，直接影响着农村电子商务的发展。因此，对涉及农业的电子商务的有关法律法规进行完善，依据实际，让农村电子商务法律体系在具体实践中不断健全，从而使监管制度不断完善，促进农村电子商务的健康发展。

二、完善农村电子商务的发展主体

（一）建设标准化农产品

在互联网上销售农产品，即使品质再优，没有恰当的品牌传播也很难实现应有的市场价值，因此，有了品牌就等于有了质量保障，才能让购买者买得舒心，买得放心。各级政府要充分认识品牌农产品对农民增收和县域经济发展的重要作用，采取各种措施，下大力气，拿出资金，采取切合实际的宣传途径，大力宣传品牌农产品。同时，要建立全国统一可查的农产品质量追溯体系平台，建立好利用好媒体、网络等平台宣传品牌农产品，提高农产品的知名度。

首先,培育区域特色农产品品牌。结合区域特有的地域及人文特点,积极引导个体走特色化、差异化道路,主动率先求变和上档次,打造最优的农产品品种和质量。使农产品品牌具有自身独特的个性和亮点,不仅要自己精心打造,还要积极观察相似品牌的亮点,不仅要让品牌有内涵,还要使品牌具备长期发展的潜力。依托当地农产品生产基地和旅游资源开展休闲采摘、农耕体验、农家乐等休闲农业乡村旅游活动,让消费者在爱上当地农产品的同时,还想去亲身领略一下实地的自然风光。

其次,严格农产品的标准化品牌化生产。坚持农业标准化生产,支持农户生产主体积极追求品质,同时,还要想尽办法保护品牌权益。可以采用"龙头—基地—农户"的发展模式,通过建设龙头企业、成立农业合作社等方式将分散的农户联合起来,形成一定规模,有效解决农村电商品牌规模小、宣传范围有限等问题。

最后,建立农产品品牌化现代营销渠道。农产品的品牌化建设归根结底还是通过市场化来实现的,在农产品的培育、销售环节,在品牌营销上,要广辟途径,多措并举,把直销、实体店分销、电子商务销售等多种渠道结合起来,尤其在互联网日益普及的大背景下,必须重视电子商务的销售。中国农产品的种植和生产分散,标准化程度低,流通方式落后,传统的流通渠道如批发市场、农贸市场还是占到大比例的。现代流通渠道如农产品连锁超市还不够普及等问题,使建立完善的农产品追溯体系成为一项长期且艰巨的任务。体制问题要靠政府处理,技术问题则需要企业出力。政策的推出要符合实际情况,根据现有的问题制定有效的方针政策,大力支持电商生产主体通过先进技术、对农产品经营进行科学有效的管理，对新兴的二维码扫描技术等加强推广和应用。学习安全追溯体系完善的欧美国家，从他们的经验来看，条码标签技术和系统是最好的农产品质量追溯基础体系。

（二）加快农村电子商务基础设施建设

农村电子商务的建设发展对农村经济的发展具有重大作用，有利于促进农村产业结构升级，促进农村经济全面繁荣。农村经济赶上来了，就意味着城乡之间的发展水平差距缩小了，离共同富裕的目标就更近一步。要发展农村电子商务，农村电子商务基础设施建设是先决条件。因此，要加大对农村电子商务基础设施的建设。

要加大农村电子商务基础设施建设，首先政府要做好指导工作，加强对各部门之间合作的管理，对农产品电子商务基础设施建设进行统筹规划，建立分阶段建设的目标。现阶段，我国农业存在条块分割的情况，导致各地区参与农业管理相关的部门较多，不同的部门有不同的上级主管部门。这样就存在管理不力，各部门相互扯皮的现象，农业信息基础设施建设不到位。针对这一情况，政府要统筹各部门工作，避免推诿、扯皮现象的发生，提高工作效率，完善农产品电子商务基础的建设。要加强政府与各农村地区的联系，从而进行农村电子商务基础设施建设的指导工作。要根据各个地区实际的需要加快推进农村的信息化基础设施建设，引进计算机网络、电话等电子设备，让更多的通信技术和互联网技术在农村地区得到较好的普及和更新。此外，各种国家政策性银行和商业银行支持电子商务的农村金融支持，加大对相关企业与农民的贷款，从而提高企业与农民进行农村电子商务基础设施建设的积极性。

目前，我国农村电子商务发展水平东西地区不平衡，地区差距大，基本上呈现自东向西递减的发展格局，并且与地区的经济发展水平表现出一定程度的正相关的线性关系。总的来说，农村电子商务发展水平最高是东部发达地区，中部大部分地区的农村电子商务发展是一般水平，而西部地区农村电子商务发展水平远远低于全国农村电子商务发展的平均水平。以北京、上海、广东等发达地区为例，这三个地区的农村电子商务的发展水平居于全国首列，远远领先于中西部地区，这正是由于这三个地区的经济发展水平高和政府对农村电子商务的基础建设投入大，因而使该地区的农村电子商务发展水平高。这样来看，农村的电子商务发展要靠政府的政策指引和资金支持，农村的电子商务基础设施建设需要政府的大力投入。所以，国家在完善对东部地区农村电子商务基础设施建设的同时，对我国中部、西部农村地区进行政策倾斜，加大对中西部农村地区的投入力度。政府应主导对农村网络基础设施的建设，实现电子商务的城乡统筹发展。解决网络与农民对接"最后一公里"的问题，各级政府应该拿出一部分专项资金。接着更重要的则是对"软件"的更新，把发展农村电子商务放在更加突出的位置，切实转变发展理念，把发展农村电子商务作为推进农业产业化调整的一个契机。

（三）加强农村物流体系建设

农村物流水平是制约农村电子商务发展的主要因素，虽然电子商务在农村有巨大的市场潜力，但电子商务交易达成基础是物流配送。物流并不是农民擅长的领域，由于农产品或者是农用产品的特殊性，对于农村的运输有特别的要求。农村电子商务物流的发展应该对外包模式进行借鉴，农村电子商务发达地区，需要建立农产品绿色通道。为了保证农产品的运输质量，2005年交通部、公安部、农业部等联合制定了《全国高效率鲜活农产品流通"绿色通道"建设实施方案》，方案中首次明确规定了"鲜活农产品"的五大种类，即新鲜蔬菜、新鲜水果、鲜活水产品、活的畜禽和新鲜的肉、蛋、奶。运输上述物品的车辆，可以通过"绿色通道"进行运输，在节约时间的前提下，还可减免道路通行费。

对于农村电子商务欠发达地区，应积极在农民和涉农企业中培育物流公司。所谓物流公司即是从事物流的企业，主要包括供销合作社、农业公司、农产品配送中心、农产品物流经纪队伍等。目前，在我国，工业品物流公司发展非常迅速，但农产品物流公司发展极为缓慢，这里除了一个认识问题，重要的是涉及利润空间相对较小的问题。所以，政府必须出台相关的鼓励政策，鼓励企业进入农产品物流行业。

此外，通过专门第三方物流，也可使农村电子商务运输难问题得到有效解决。即服务外包，服务外包指的是企业或者个人将自身不能实现的业务，或者是自身不熟练的业务，向专门的企业或者个人进行转移，前者向后者支付一定报酬，获得后者的成果。通过服务外包，使得企业或者个人能够更加专注于自身的优势，解决因为业务流程太长而分散资源的问题，从而节约成本，增加经济效益。

（四）实现农产品品牌化与信息标准化发展

随着不断出现的食品安全事件，消费者对食品安全的关注度越来越高，对食品安全的要求也日趋重视。树立品牌在消费者心中的形象，对企业长远的发展有着重要意义。山西省太原市阳曲县昌盛源生态种养殖专业合作社成立于2007年，一直从事黑土猪纯天然生态养殖，出产的黑土猪肉品质上乘，但是并未大面积推广，除在阳曲县青龙镇有实体店外，太原市仅有两家代销点。建议其从农产品品牌化和信息标准化建设入手，选定成熟的合作电商平台，通过平台对该品牌严格的准入筛选，按照要求将企业的销售导入形象识别系统、视觉识别系统，从而实施品牌战略，拓展连锁经营，开设昌盛源黑土猪肉专卖店，严格按照《农副产品绿色零售市场》标准和《农产品批发市场管理技术规范》的要求经营，创建"五统一"（统一配送、统一装饰、统一标识、统一标准、统一管理）新型猪肉连锁销售模式。

农业的增长与发展在于提高农产品的品牌化和标准化，这不仅能够提高农产品的质量，还能够提高农产品的市场竞争力，而大力构建农村电子商务平台，也是农产品走向国际的必经之路。

（五）构建专业的实用电商平台

1. 丰富完善农业信息网站

应当加强建设由政府部门主办的农业网站，提供丰富完善的农业信息，提高网站的信息服务水平。如湖北省，其农业网站不仅包括湖北农业信息网、湖北农业机械化信息网、湖北农产品网上展销会等省级网站，还包括荆门农业信息网、黄石农业信息网等市、州、县政府主办的农业网站。加快建设专业化的农业网站的步伐，不断优化网站内容，增强用户的体验感。条件允许的情况下，可以试点建设农业电子商务平台，然后逐步推广。

2. 鼓励涉农企业建立门户网站

有实力的大中型农业企业，应整合企业现有资源，建立门户网站，有条件的还可以自建网络交易平台，提供咨询、销售、支付和售后等一条龙服务。企业经营者不仅要及时更新网站内容，比如产品信息和价格信息等，还要利用网络平台拓展商机，加强和供应商、客户的信息交流与沟通，提升自身对市场变化的适应能力，从而降低运营成本，增强客户的满意度，拓展销售渠道，提高企业的盈利能力。

3.加快建设农村电子商务平台

电子商务网站是网上的交易市场，是开展电子商务活动的网络平台。其数量越多，为农民、农业企业提供的交易机会也越多。当前，湖北农村电子商务网站在数量上有待进一步提高，质量上也需进一步提升，应加快农村电子商务综合平台的建设力度，为农产品交易、农村市场信息流通提供便利。

电子商务平台的建设给企业带来了无限的商机，它的发展又依赖于农业企业的积极参与。因此，要鼓励涉农企业积极利用各种电子商务平台，包括综合性、专业性、区域性电子商务平台等，例如乐村淘（http：//www.lecuntao.com) 和金农网 (http：//www.agric.com) 等。

三、突破农村发展的局限

（一）培养农村信息化人才

农业信息化和农业电子商务的发展，必然要有大量的人才作为基础，人才是掌握农村电子商务发展的关键力量，由于农村自身的局限性，在人才培养和电子商务发展的人才支持上非常欠缺。基于此，其一，我们应该注重高校电商师资队伍的建设。首先当地政府和教育部门应该鼓励和支持当地设立电子商务培训机构，当地各大高校也应该发挥电子商务人才发展的主渠道作用，设立专门的农业电子商务专业，重视省内农业院校电子商务发展的质量，加强农业电子商务重点学科建设。其次要促进农村电子商务发展课程的教师人才引进，依据国家的相关法律法规，为这些骨干教师提供相应的优惠政策，并鼓励具有电子商务相关技能的人才从事农村电子商务教育的科研活动，激发他们教学科研的积极性，以此打造出高素质、高质量以及高技能的省内农村电子商务人才队伍。

其二，我们要十分重视对现有农业信息的管理工作以及从事农村电子商务发展的人才的培训工作。首先要积极地抓好农业信息部门工作人员的服务培训工作，提高农业信息收集、整理、分析和发布的水平。其次要加强对农村居民相关农业电子商务发展的知识宣传和应用培训工作，对农民普及相关电子商务交易的知识，让农民了解到电子商务在农业生产和销售经营，以及自身生活发展上的突出作用。

（二）培训部分带头人，发挥引领示范作用

一方面，要通过农民群众喜闻乐见的形式宣传电子商务，帮助他们转变思想观念。在全国各地的农村电子商务模式中，很多最先发展电子商务的群众都是从无到有，从弱到强，并对周围群众的思想观念产生重要影响，使其能够积极主动参与电子商务的发展。所以，各地要通过对种养大户和农村经纪人的重点扶持，让他们成功尝试电子商务并取得巨大收益的事迹起到良好的示范作用，农民相继模仿，并不断扩大电子商务范围，带动广大农民共同致富。可以借鉴村村乐集团的发展模式，即选聘当地村庄的大学生或者村集体负责人

担任各村的"网络村干部",搭建起农民走向互联网电子商务的桥梁,让农民真正相信互联网电子商务,并积极参与进来。

另一方面,还可以采取集中销售的方式,即某一个电子商务经营比较好的农民负责网店的运营和销售,周围生产者生产的产品都交给他在网上销售,收益由生产者和网店运营经销者协商分配。政府还可以建立示范县和示范村,起到示范带动作用,带动农民发展电子商务,并且可以从这些示范点不断总结经验和不足之处,以利于当地和其他地方电子商务的更好发展。鼓励农村居民根据当地的特色农产品发展网络销售,降低同质化竞争的可能性。要让农民感受到电子商务的好处,只要让农民觉得这个东西好,他们就会主动参与农村电子商务的发展。

(三)引进并鼓励从事农村电子商务的人才

人,是事物中最活跃的因素。人,可以充分发挥其能动性,创造条件,让许多困难的事情得以完成。任何事物、工作,都需要懂得这些工作的人来进行。农村电子商务也需要懂得信息技术、了解电子商务的人来进行。而在中国广大的农村,懂得信息技术,有电子商务意识的人才并不多,至少在现阶段是这样的。而一个农村电子商务从业者进行交易的商品,往往不是一户农民生产的,要让周边的农民都享受到农村电子商务在为农产品寻找销路、便捷廉价地获取农业物资方面的便利。另外,一个成功的农村电子商务从业者,往往能够通过其可见的收益,引导更多的人才从事农村电子商务。

为了农村电子商务的发展,一方面需要鼓励当地的人才,鼓励那些有条件的人从事农村电子商务,另一方面也需要引进人才。针对此,政府可以出台相应的政策来鼓励当地有条件的农民从事农村电子商务，比如税收方面的减免、网络开通方面的优惠和技术上的帮助等，让农民从事电子商务的阻碍因素尽可能地减少。地方政府也可以专门引进人才，以政府的名义开展试点或者组建技术指导中心。相关新闻机构还可以对成功的农村电子商务案例进行宣传，邀请其从业者向其他农民传授经验。

（四）打破传统电商观念

农村电子商务的飞速发展为农村农民提供了可遇而不可求的新型就业平台，但这也意味着需要新型电商农民跟上农村电子商务飞速发展的步伐，想要短期内从城市大量引进专业电商人才又是不现实的事，所以如何加快农村当地电子商务信息人才的培养显得至关重要。

所谓新型电商农民，就是培养适应新型农业和互联网社会的"新农人"，不仅要求电商农户对网店的各种业务熟练操作，制订一个长远且详细的农村居民电商培训计划，强化公益性、普适性的农村电子商务培训，还要加大资金支持力度，对有潜力、有能力的农民、农户等发放具备一定规模的电子商务专门贷款，通过补贴、贴息等方式协助电子商务农户的培训，致力于提高农民的网店业务营销、网店装修、售后服务等能力，在保证自身信息和财产安全的情况下，完成网上交易。

农村电商不应该被质量安全所牵绊，只有将现代农业科学技术和管理技术相结合，才能达到既定目标。要致力于引导农民实施标准化生产，推进农产品标准化认证、农产品标准化经营，打造优质农产品；还要引导农民学习现代农业科学技术和管理技术，按照统一的生产技术从事农业的生产和经营。

此外，农村发展电商，可以充分利用周边高校的教育优势，直接从高校引进专业电子商务销售与应用人才，与开设相关专业的高校签署协议，培养农村电子商务对口人才，制定优惠政策。当前多地凸显的人才瓶颈已经制约了淘宝村的进一步发展，要把人才引进和培育放在发展的战略高度：一是建立体系，将必需的人才纳入其中的培养计划当中，将体系合理的建立起来。二是支持鼓励人才创业，打通障碍。三是注重引进来，积极搭建人才供需交流平台，可以通过专场招聘会、赴外招聘以及网络招聘等形式，为农村和企业引进紧缺急需电商人才。

（五）发展特色农产品

根据目前全国各地农村电子商务发展情况来看，如果发展缺乏特色，很多地方发展到一定水平，各种发展要素缺乏、质量不达标、同质化竞争严重等问题就会阻碍其发展。因此，我们在发展过程中，要注意提前规划，合理布局，协调发展，以免发生上述问题再采取措施去解决。同质化竞争的问题可以通过建设农产品品牌的方式来解决。比如武汉的洪山菜薹，只有在武汉洪山区这一块地方生产的品质才好，建立品牌之后，已经获得了广大消费者的认可，大家都认准了这个牌子才买，价格也就自然上去了。同样，广大电商经营的农村产品也需要建立相应的品牌，让品牌深入消费者心中，然后销路自然就不用担心了，而不需要单单靠电商平台的名气销售产品。因此，要不断增强农民的品牌意识，明白品牌建设的重要性，只有建立了相关的品牌，提高农产品的知名度和影响力，农村电子商务才可能不断发展下去。

其次，发展农村电子商务要因地制宜。农产品具有很强的地域性，农业不像工业可以在这里建设工厂，也可以在那里建设工厂，农业产品种植依赖当地的自然环境。比如像新疆的哈密瓜特别大特别甜，这和新疆当地的气候条件有很大关系，在其他地方种植，可能质量就没新疆那么好。所以要根据各个地方的特色发展相应的电子商务，充分挖掘当地的特色资源并进行开发，或者对当地的农副产品资源进行整合，在网络平台进行销售。事实证明，网上销售得比较好的都是各个地方的特色产品。另外，特色无公害以及绿色没有污染的、有机农产品等也是发展的重点。随着人们生活水平的不断提高，大家对食物的要求也越来越高，越来越青睐绿色食品。在电子商务平台销售有机食品，可以扩大销路，同时由于这种产品附加值高，能承受较高的物流运输成本，从而可以让农民获得较高收益。通过电子商务平台把优质的特色产品销售进城，也是今后农村电子商务的一个发展方向。

参考文献

[1] 刘学勇，王晓斌. 石嘴山农村经济发展调研报告（2021）[M]. 银川：阳光出版社, 2022.

[2] 梁金玉. 农村经济发展新思考 [M]. 郑州：河南人民出版社, 1993.

[3] 魏双凤. 中国沿海开放地带农村经济发展新论 [M]. 广州：华南理工大学出版社, 1992.

[4] 鲁俊辉. 新农村经济发展与管理实务研究 [M]. 哈尔滨：东北林业大学出版社, 2024.

[5] 杜浩波. 新农村经济发展与分析 [M]. 北京：现代出版社, 2020.

[6] 张博. 乡村振兴战略下农村经济发展研究 [M]. 北京：中国商务出版社, 2023.

[7] 李英杰. 电子商务与农村经济发展研究 [M]. 长春：吉林出版集团股份有限公司, 2022.

[8] 吴俊杰，高静. 农村经济发展的金融支持研究 [M]. 杭州：浙江大学出版社, 2020.

[9] 云南省人民政府办公厅. 云南农村经济发展研究 [M]. 昆明：云南科技出版社, 1997.

[10] 孔祥凤.利用电子商务发展农村经济的策略[J].中国市场,2021(15)：188-189.

[11] 熊家瑶.浅谈电子商务与农村经济融合发展路径[J].农业与技术,2021(2)：125-127.

[12] 夏伟,郭友.电子商务对农村经济发展的作用及实现路径研究[J].商展经济,2022(17)：57-59.

[13] 张书伟.农村电子商务经济发展现状分析[J].经济与社会发展研究,2020(31)：8.

[14] 黄震涛,陶卫卫.电子商务在江苏农村经济发展中的应用[J].当代县域经济,2024(7)：69-71.

[15] 周燕.电子商务平台推动农村经济发展问题研究[J].农业开发与装备,2022(1)：46-48.

[16] 朱隆平.扶植农村电子商务 促进农业经济发展[J].农业工程技术,2022(15)：73-74.

[17] 谭汉元.农村电子商务对区域经济发展的影响研究[J].中国市场,2020(23)：24-25.

[18] 魏群勇.互联网背景下农村电子商务对农业经济高质量发展的驱动[J].棉花学报,2024(2)：175.

[19] 吴长青,于亮,蔡乐.地方高职院校电子商务专业服务农村电商发展现状及问题分析[J].黑龙江粮食,2021(1)：55-56.

[20] 刘红英, 钟显龙. 粤北地区农村电子商务服务业发展的战略与对策探析 [J]. 科技和产业, 2021(12)：208-211.

[21] 黎莹, 杨兴洪. 农村电子商务助力区域经济发展研究——以贵州省盘州市为例 [J]. 物流工程与管理, 2021(7)：73-75.

[22] 何梦雅, 陈晓英, 杜平安, 等. "最后一公里"——农村电子商务服务站发展问题及对策研究 [J]. 商场现代化, 2018(7)：40-42.

[23] 朱肖峰. 农村现代服务业发展视角下电子商务产业创新创业型人才需求分析 [J]. 农业经济, 2019(6)：88-90.